D1667340

MARGOT FELSCH

# Aus der
# Chef-Etage
# des
# Römers

Begegnungen
mit den Frankfurter Oberbürgermeistern
Walter Kolb, Werner Bockelmann,
Willi Brundert, Walter Möller,
Rudi Arndt und Walter Wallmann

VERLAG WALDEMAR KRAMER
FRANKFURT AM MAIN

© 1981 Dr. Waldemar Kramer, Frankfurt am Main
ISBN 3-7829-0252-1
Fotos: W. Klar (S. 151), Meier-Ude (S. 33, 41, 65, 99, 111, 143), Rempfer (S. 147),
Ullrich (S. 181) und Horst Winkler (S. 93, 177).
Alle übrigen Privatfotos.
Druck von W. Kramer & Co. Druckerei-GmbH. in Frankfurt am Main

# INHALT

# Einführung

Sechs Oberbürgermeister habe ich während meiner 30jährigen journalistischen Tätigkeit in Frankfurt erlebt. Sie waren in ihrer Art völlig verschieden und so wenig vergleichbar wie Äpfel und Birnen. Lediglich das Dienstzimmer im Römer mit Blick auf die Paulskirche war ihnen gemeinsam. Dieses geschichtsträchtige Bauwerk stets vor Augen zu haben, war der ausdrückliche Wunsch Walter Kolbs – des ersten, von der Bevölkerung gewählten Oberbürgermeisters der Nachkriegszeit und unbestritten populärsten von allen –, bevor er aus der provisorischen Stadtkanzlei in der Lindenstraße ins wiederaufgebaute Rathaus (1952) übersiedelte. Im Überschwang der Gefühle hatte er es bei der Jahrhundertfeier der ersten deutschen Nationalversammlung in der wiederhergestellten Paulskirche am 18. Mai 1948 vor prominenten Gästen aus dem Osten und Westen Deutschlands zum „Symbol der deutschen Einheit" und „Symbol der Wiedergeburt" erklärt.

Mitleidige Bürger haben im Laufe der Jahre diesen kräfteverzehrenden Posten an der Spitze des Gemeinwesens als „Schleudersitz mit Todesfolge" oder „männermordenden Job" bezeichnet. Das Ränkespiel der Kommunal- und Parteipolitik, gepaart mit Arbeitsüberlastung und Repräsentationspflichten, hat mehrere Stadtoberhäupter vorzeitig aufgerieben. Was könnte dies deutlicher belegen als die Tatsache, daß keiner der ersten fünf Nachkriegs-Oberbürgermeister das Ende seiner durch Wahl festgelegten Amtsperiode erlebte? Drei von ihnen, Walter Kolb, Willi Brundert und Walter Möller, starben, wie es so ehrenvoll heißt, „in den Sielen", Werner Bockelmann stellte sein Amt aus gesundheitlichen Gründen zur Verfügung, Rudi Arndt entschied sich nach der Wahlniederlage im März 1977 zum vorzeitigen Rücktritt.

Nach 30 Jahren, während der die SPD im historischen, oft als „rot" bezeichneten Römer die Oberbürgermeister stellte, übernahm im Juni 1977 zum ersten Mal der damalige Spitzenkandidat der CDU, Dr. Walter Wallmann, die Amtsgeschäfte. Seine erste, auf sechs Jahre befristete Wahlperiode läuft bis 1983. Er dürfte für weitere acht Jahre Chef der Stadtverwaltung bleiben, nachdem seine Partei mit ihm an der Spitze am 22. März 1981 den Erfolg der vorausgegangenen Kommunalwahl des Jahres 1977 noch weiter ausbauen konnte. Er, dem seine politischen Gegner beim Einzug in den Römer nur eine „100-Tage-Frist" einräumten. „Episode Wallmann" oder „Ära Wallmann" fragte vor Jahren ein Journalist. Die Antwort ist gegeben.

Die hier aufgezeichneten Erinnerungen sollen jedoch kommunalpolitische Ereignisse nur streifen. Sie erheben keinen Anspruch auf lückenlose Stadthistorie – vielmehr sind sie zur Charakterisierung der Sechs geschrieben. Wobei allerdings nicht nur auf ihre „Schokoladenseiten" Licht fallen sollte, Kritik ist gleichermaßen ins Bild eingeschlossen.

Was mich betrifft – als ich meine vornehmlich im kommunalen Bereich liegende journalistische Arbeit in der Redaktion der „Frankfurter Rundschau" an den Nagel hängte, wurde ich häufig nach dem Grund gefragt. Stets war meine Antwort: „Ein halbes Dutzend Oberbürgermeister, das hat doch wohl gereicht!"

Diese Erinnerungen an die Männer in der Chefetage des Römer schreibe ich, weil so vieles von ihnen, die die Geschicke der Stadt in den schweren Jahren nach dem Kriege lenkten, schon vergessen ist. Abgesehen davon, daß die jüngere Generation kaum etwas über sie weiß.

# WALTER KOLB

Wenige Schritte von der Paulskirche entfernt steht eine stolze Eiche mit ausladendem Blätterdach. Ein Gedenkstein davor, kaum beachtet von Passanten, trägt die Inschrift „Walter Kolb-Eiche". Ein Jahr nach dem Tod des so beliebten, heute schon legendären Oberbürgermeisters, am „Tag des Baumes" am 2. April 1957, hatten Schüler den Schößling ins Erdreich gesenkt. Kurz darauf kursierte in der Umgebung der Berliner Straße die drollige Story, man habe dort im abendlichen Dunkel Halbwüchsige wegzujagen versucht, die auf ihre Art das junge Stämmchen wässerten. Ganz einfach nach der Manier des Brüsseler „Manneken Piss". Nun, offensichtlich hat dies der Eiche nicht geschadet. Sie ist zu stattlichem Wuchs gediehen.

Von gar stattlichem Wuchs war auch Walter Kolb, der 44jährig, Jurist und zuletzt Oberstadtdirektor von Düsseldorf, sein Amt in Frankfurt am 1. August 1946 angetreten hatte. Er überragte seine Umgebung gewöhnlich um Haupteslänge. Seine Leibesfülle, in der nach unten ausladenden, pyramidenähnlichen Form an einen ausgewachsenen Seehund erinnernd, war in der Wirkung frappierend. Umsomehr damals, als die meisten Menschen bei wöchentlich 1130 Kalorien in ihren abgetragenen Kleidern schlotterten.

Vielleicht flößte, ganz unbewußt, des OB's füllige Statur ein gewisses Vertrauen auf die Zukunft ein. (OB ist im Rathaus die allenthalben gängige Abkürzung für „Oberbürgermeister".) Auf mich jedenfalls machte er bei der ersten direkten Begegnung einen enormen Eindruck. Dies war im April 1948 in seinem damaligen Dienstzimmer in der Stadtkanzlei, Lindenstraße, einem Gebäude, das während der Nazijahre von der Geheimem Staatspolizei (Gestapo) besetzt worden war und in Erinnerung daran noch lange Zeit bei Passanten Schrecken hervorrief. Kolb berichtete bei diesem Zusammentreffen einigen wenigen Journalisten von einem Gespräch mit dem Direktor der US-Militärregierung für Hessen, Dr. James Newman, und Leuten seines Stabes. Sie waren von Wiesbaden in den halbwegs wieder hergerichteten Handwerkersaal im Souterrain des heutigen Gesundheitsamts in der Braubachstraße – für viele Jahre noch Stätte aller Stadtverordnetensitzungen und Schauplatz des beginnenden parlamentarischen Lebens in Frankfurt – gekommen. Wichtiger Punkt dieser Unterredung sei gewesen – so Kolb –, Dr. Newman um eine Besserung der unhaltbaren Ernährungslage zu bitten. Wie sollte wohl die Bevölkerung bei dieser Unterernährung arbeitsfähig und imstande sein, die völlig verwüstete Stadt mit ihren weiten Ruinenfeldern aufzubauen? Es war die Zeit, da die Bewegungsfreiheit der Bürger noch stark eingeschränkt war, US-Offiziere schrieben Erlaubnisscheine aus, wenn ein Frankfurter aus guten Gründen – etwa – eine der wenigen, wieder passierbaren Brücken überqueren wollte. Für lange Zeit gab es ja auch noch den Sperrbezirk weit um das IG-Hochhaus herum, den Sitz der US-Militärregierung in Frankfurt.

Mit gutem Beispiel war Kolb beim „Freiwilligen Bürgereinsatz" vorangegangen, zu dem bereits in einer der ersten Sitzungen der Stadtverordneten aufgerufen worden war. In einer abgetragenen Joppe, eine Mütze auf dem Kopf und mit einem Spaten bewaffnet räumte er mit vielen Bürgern gemeinsam vor dem Römer Schutt weg. Selbst dabei hatte der fröhliche Rheinländer immer Witzchen parat, oft durchaus keine stubenreinen.

Wo immer er während seiner Amtszeit auftrat, fand er freundliche, sympathieheischende Worte für seine Umgebung, zwinkerte einem jungen Mädchen zu oder drückte der Schönen gar einen Kuß auf die Wange – oder er faßte eine Oma liebevoll um die Taille. Bald hatte ihm seine Art, sich beliebt zu machen, große Volkstümlichkeit eingetragen. „Ein Prachtkerl, der OB", lautete das Urteil vieler Bürger.

Ganz deutlich sehe ich Walter Kolb noch heute vor mir, wie er am 18. Mai 1948 im Schmuck der goldenen Amtskette, flankiert von seiner hochgewachsenen attraktiven Frau Aenne und dem nach 16jährigem Exil in die Heimat zurückgekehrten Dichter, Fritz von Unruh, in feierlichem Zug von den Römerruinen her zur Jahrhundertfeier in die wiederaufgebaute Paulskirche schritt. Die Sonne strahlte vom blauen Himmel. Um den Anblick der Trümmer rundherum zu mildern, hatte man sie hier und da mit Tannen abgedeckt. Fahnen waren aufgezogen, von so manchem Frankfurter als Verschwendung gerügt. Angesichts der knappen Textilien hätte man besser Zuteilungen für Bettücher ausgeben sollen. Vielleicht aber könnten sich Frauen auch nachträglich noch aus den schwarz-rot-goldenen Stoffbahnen etwas Nützliches schneidern, wurde vorgeschlagen. Schlüpfer in den Landesfarben, meinten Witzbolde.

Für den erst knappe zwei Jahre amtierenden Oberbürgermeister bedeutete dieser Tag die Krönung intensiver Bemühungen um den Wiederaufbau der Paulskirche als Symbol der wiedererrichteten Demokratie. An alle deutschen Städte im Osten, Westen, Süden und Norden hatte er den Aufruf gerichtet, am Aufbau teilzuhaben, ihn zu unterstützen. Trotz Hunger und Not allenthalben war das Echo über Erwarten positiv. Die Paulskirche konnte also mit Hilfe von Geld- und Sachspenden aus ganz Deutschland wieder aufgebaut werden.

Die Universität hatte dem Oberbürgermeister für diese seine Initiative bei einem Festakt am Morgen die Würde eines Ehrendoktors verliehen.

In allen soweit damals schon vorhandenen deutschen wie auch ausländischen Zeitungen wurden danach Auszüge aus den Festreden wiedergegeben. Keine ließ auch die Nachricht vom Schwächeanfall des aus den USA heimgekehrten, von Gefühlen übermannten Dichters Fritz von Unruh aus, durch den seine Rede, ein Bekenntnis zu demokratischen Idealen, für eine Zeitspanne unterbrochen wurde.

Beinahe tiefster Friede war in diesen Festtagen über das zerbombte Frankfurt gekommen. Manche Gaststätten boten schon jetzt, genau 33 Tage vor der Währungsreform am 20. Juni 1948, markenfreies Essen. Das Staatsministerium hatte für die abendliche Feier im Festsaal des Palmengartens einen guten Tropfen gespendet. Er versetzte so manchen Gast in recht beschwingte Stimmung, so daß weltanschauliche Gegensätze großzügig überbrückt wurden. So sah ich – beispielsweise – den damaligen SED-Repräsentanten Berlins, Acker, angeregt plaudernd mit dem SPD-Fraktionsvorsitzenden des Berliner Stadtparlamentes, Swolinski, zusammen.

Die Nachkriegs-Bürgermeisterin von Berlin, Louise Schröder, eine grazile Repräsentantin der ehemaligen Reichshauptstadt, in schlichtem Schwarz und geradezu schüchtern bei Interviews, war, wie auch der ehemalige Reichstagspräsident, Paul Löbe, Gast in Frankfurt. Beide waren auch bei einem Treffen im Gästehaus der Stadt in Schönberg, zu dem Kolb als Begründer des ehemaligen Republikanischen Studentenbundes eingeladen hatte, anwesend.

### Gäste der Stadt

In diesem damaligen Gästehaus der Stadt in einer vom Krieg völlig verschonten Gegend des Taunus trafen sich oftmals profilierte Politiker aus allen Teilen Deutschlands zu Gesprächen und Sitzungen. Die Dichterin Ricarda Huch verbrachte übrigens hier ihre letzten Lebensjahre. Mehrmals empfing Kolb hier auch den gleichermaßen zur Legende gewordenen Regierenden Bürgermeister der ehemaligen Reichshauptstadt, Professor Dr. Ernst Reuter, mit dem ihn herzliche Freundschaft verband. Reuter wie Kolb galten zu jener Zeit als die prominentesten Oberbürgermeister der Nachkriegszeit. (Meine Erinnerung an Professor Reuter ist leicht getrübt, weil er die Unsicherheit der ihn in Schönberg interviewenden jungen unerfahrenen Journalistin durch überaus wortkarges Verhalten noch verstärkte.)

Wie dürftig die materielle Lage dieser Zeit war, mag folgende kleine Episode beleuchten. Ein Vertreter des Protokolls hat sie mir damals hinter vorgehaltener Hand preisgegeben. Er begleitete Louise Schröder nach den Feierlichkeiten zur Bahn und trug ihren kleinen, aber recht schweren Koffer. „Was haben Sie da nur eingepackt?", fragte er. Frau Schröder verriet: „Man hat mir ein paar Pfund Kartoffeln geschenkt, – sie sind in Berlin eine Kostbarkeit."

Ein weiteres Ereignis von Bedeutung für Frankfurts künftige Wirtschaftskraft war auch in dieses Frühjahr 1948 gefallen: Oberbürgermeister Kolb hatte die erste Nachkriegsmesse aus der Taufe gehoben, ein gar mikriges Baby im Vergleich zum heutigen ausgewachsenen „Superding", dem anerkannten weltweiten Schaufenster hochwertiger Konsumgüter. Mit viel Wagemut und Improvisationstalent war das noch weitgehend vom Krieg gezeichnete Gelände hergerichtet, es gab noch nicht allzu viele Hallen in Leichtbauweise, dafür aber Zeltplanen, über den lockeren Sandboden gespannt. Ich erinnere mich noch heute an meine wü-

tenden Berliner Freunde, die am liebsten Schadens-
ersatzforderungen an die Messe gestellt hätten. Eine
feine Staubschicht hatte sich nämlich sehr bald über
die von ihnen präsentierten, aus dem Krieg hinüber-
geretteten Brokatstoffe gelegt. Im Imbißzelt saß
man auf Fässern – und irgendwelche dubiosen Ge-
tränke wurden in häßlichen Plastikbechern ausge-
schenkt.


## Der Kampf um den Sitz der Bundesregierung

Eine starke Belastung für die weitgehend zerstörte Stadt, voller Flüchtlinge noch dazu, war
zweifellos durch die angeordnete Unterbringung
der Alliierten Kontrollorgane, die Zonenverwaltun-
gen des Länderrates, des Wirtschaftsrates und vieler
damit zusammenhängender Organisationen gegeben. Sie blockierten den spärlich noch vorhandenen Wohn- und Gewerberaum, nahmen die gleichermaßen lädierten städtischen Versorgungsein-
richtungen in Anspruch.

Treffpunkt für vertrauliche Gespräche oder private Unterhaltungen war für viele damals die Halle
des Hotels Monopol-Metropol am Hauptbahnhof,
dem Frankfurter Stammhaus des Steigenberger-
Hotel-Imperiums. Da saßen dann Leute wie Professor Ludwig Erhard, der spätere „Vater des Wirt-

schaftswunders" und Bundeskanzler, oder Dr. Erich Köhler, künftiger langjähriger Bundestagspräsident, beim „Muckefuck", so nannte man das dünne Malzkaffeegemisch. (Ich werde den spendablen Schweizer nicht vergessen, der uns, ein paar Journalisten, in dieser Halle richtigen Bohnenkaffee servieren ließ. Er hatte seiner Aktentasche ein Tütchen entnommen und das dem Ober übergeben.) Zweibettzimmer für die später doch recht verwöhnten Politiker waren zu jener Zeit durchaus an der Tagesordnung.

Kolb hatte die Militärregierung mehrmals darauf hingewiesen, daß durch die Zentralisation der Organe mehr als 20.000 Menschen in die Stadt am Main gekommen waren, sich aber Wirtschaftsunternehmen aus Platzmangel nicht niederlassen konnten. Außerdem standen ja etwa 50.000 im Krieg evakuierte Frankfurter noch vor den Toren der Stadt.

Trotz alledem war es verständlich, daß Frankfurt sich – wegen seiner Lage und Bedeutung – um den Sitz der neu zu schaffenden Bundesregierung bewarb. Am 18. Oktober 1948 besichtigte die Bundeskommission, empfangen von Kolb und dem hessischen Ministerpräsidenten Christian Stock, zum ersten Mal die in Frankfurt im Blick auf den künftigen Sitz der Bundesregierung vorhandenen und inzwischen neu errichteten Bauten. Darunter befand sich auch der gerade fertige Rundbau an der Bertramswiese, den der Hessische Rundfunk später, im August 1950, für viereinhalb Millionen D-Mark kaufte und der von der Stadt ursprünglich als zukünftiger Plenarsaal des Bundestages gebaut worden war.

Hoch schlugen in diesen Wochen und Monaten des „Städte-Wettbewerbes" die Wogen, auch für Journalisten. Schließlich tummelten sich hier – wegen der turnusmäßigen Pressekonferenzen der Militärregierung, der Sitzungen des Wirtschaftsrates – auch alle jene Journalisten, die später dann in Bonn arbeiteten. Rüdiger von Wechmar, gute drei Jahrzehnte später Präsident der UN-Vollversammlung und Deutscher Botschafter bei den Vereinten Nationen, zum Beispiel und viele andere, die mittlerweile in Bonn tätig sind beziehungsweise eine Zeitung oder eine Nachrichtenagentur, Rundfunk oder Fernsehen im Ausland vertreten. Oder sich mittlerweile auch schon zur Ruhe gesetzt haben.

Für mich als junge Journalistin, damals noch bei der DENA, der Vorläuferin der dpa (und DENA-Mädchen mit Berliner Mundwerk genannt), war es eine aufregende, doch auch recht lustige Phase. Sobald ich bei einer der vielen Besichtigungsfahrten jener Zeit dem von Adenauer eingesetzten, für Bonn amtierenden Vertreter, dem kleinen, gravitätisch stolzierenden Ministerialdirektor Dr. Her-

OB Kolb bei einem Richtfest 1951, rechts die Autorin

mann Wandersleb, mit List und Tücke eine Stellungnahme „entrissen" hatte, war schon der ehrenamtliche Stadtrat Fritz Fay, der Beauftragte Frankfurts, an meiner Seite, horchte mich aus und gab blitzschnell seinen natürlich für die Stadt am Main gefärbten Kommentar dazu. „Er kämpft wie ein Löwe für Bonn", sagte man damals von Wandersleb. Zahlreiche andere Kommissionsmitglieder aus vielen Städten und Ländern kritisierten dessen Haltung. Aus wirtschaftlichen Gründen plädierten sie für Frankfurt. Man hätte den Bundessitz gleich festlegen und nicht dem Einfluß des Rheinländers Adenauer überlassen sollen, so ihre Meinung.

Als dann – am 3. November 1949 – die Bundesversammlung sich mit nur einer Stimme Mehrheit für Bonn als Sitz entschied, war die Enttäuschung in Frankfurt zunächst einmal beträchtlich. Alle vorausgegangenen Anstrengungen waren umsonst gewesen. Doch OB Kolb mit seiner Mannschaft, Bürgermeister Dr. Walter Leiske, Stadtkämmerer Dr. Georg Klingler und den Stadträten Dr. Karl Altheim, Rudolf Menzer, Georg Treser und Adolf Miersch, rissen das Steuer sofort um 180 Grad herum. Der Startschuß für eine kommunale Wirtschaftsförderung wurde gegeben und damit an die traditionelle Bedeutung Frankfurts als Handels- und Messestadt angeknüpft. Dank Leiskes zehnjähriger Tätigkeit als Leipziger Stadtrat gelang es,

Bürgermeister Dr. Walter Leiske,
stets eine Informationsquelle für Journalisten
(links Aloys Kern, rechts die Autorin)

unter anderem, dort ansässige Unternehmen der Rauchwarenindustrie, des Verlagswesens und der Chemie für Frankfurt zu interessieren und anzusiedeln (Der geborene Berliner starb, 83jährig, im Oktober 1971).

## Kolb – ein Begriff

Mittlerweile war Walter Kolb, der Mann von so gewaltiger Statur und Schaffenskraft, zum Begriff geworden, in ganz Deutschland und darüberhinaus, denn er war nun einmal ein Original. Ein Titelfoto aus dem „Spiegel" im Sommer 1949 hatte sicher auch dazu beigetragen, überall seine Körperdimensionen vor Augen zu führen. Dies stellte ihn am Ufer des Kahler Sees mit bis zu den Knien gerutschter Badehose zur Schau. Die Ursache dieses Malheurs war: Der Lokalchef der „Frankfurter Rundschau", Aloys Kern, hatte in der Ausgabe zum 1. April 1949 eine Fotomontage veröffentlicht, die den in der Innenstadt radelnden Oberbürgermeister zeigte. Die Unterschrift: Der OB will jetzt vom Auto lassen und etwas für seine Linie tun. Schon am frühen Vormittag kam ein Anruf von Walter Kolb, der gern auf Späße reagierte. Er kündigte seinen Besuch in der Redaktion per Rad an. Man sollte zur Feier des Tages eine Flasche Wein kaltstellen. Bei der nachfolgenden humorvollen Unterhaltung pries er launig seine sportlichen Qualitäten, beispielsweise auch seine Schwimmbegeisterung. Ein Wort gab das andere. Und plötzlich hatte Kolb eine Einladung zum Wettschwimmen mit der Presse am Kahler See ausgesprochen. Bei herrlichstem Sommerwetter fand diese Unternehmung tatsächlich mit zahlreichen Journalisten am 20. Juli 1949 statt. Kolb, der Dauerschwimmer, gewann natürlich. Als er dem Nass entstieg, passierte es. Seine Badehose rutschte kläglich, das Gummiband, typische Kriegsware, hatte der Leibesfülle nicht standgehalten. Frau Aenne eilte zu Hilfe. Wir Journalisten, in knapper Entfernung im Grase hockend, hielten mit schadenfreudigen Bemerkungen nicht zurück.

Sehr bald darauf hat dann auch ein Kollege bei einer Begegnung suffisant die Frage an ihn gerichtet, wie er es anstelle, wenn er seine Beine betrachten wolle. Der schlagfertige Rheinländer war um eine Antwort nie verlegen. Gelassen meinte er: „Ich gehe in die Wochenschau".

Trotz seiner enormen Körperformen bewegte sich Kolb erstaunlich rasch, geradezu wie ein Wiesel huschend. Blitzschnell erhob er sich von seinem Sitz, wenn die Reihe zu reden an ihm war, obgleich er oftmals bis zur letzten Sekunde die Augen geschlossen hatte und man dachte, er schlafe. Dann nahm er die Brille ab, neigte den Kopf etwas zur Seite und legte los.

## Kolb als Ehestifter

Von nah und fern erhielt Kolb damals Post. Eines Tages war unter dem dicken Stapel wieder einmal ein Brief eines Amerikaners, der „zwecks späterer Heirat" ein deutsches Mädchen kennenlernen wollte. Schmunzelnd gab er das Schreiben zur Übersetzung an die städtische Dolmetscherstelle. Schon hier wurde das Schicksal des Amerikaners besiegelt. Eine vollbusige, blonde unternehmungslustige Sekretärin der Pressestelle kam zufällig ins Zimmer, las den Brief und entschied sich sofort. Eine rege Korrespondenz über den Atlantik hinweg entwickelte sich. Wenige Monate darauf, im Februar 1950, war die Frankfurterin schon Mrs. White und Washingtoner Bürgerin, und Mr. White sagte dem Ehestifter Kolb herzlichen Dank für das „deutsche Fräulein".

Zu seinem 50. Geburstag, am 22. Januar 1952, wurde der Oberbürgermeister weit und breit für seine Initiative zum Wiederaufbau Frankfurts gerühmt, das damit „an erster Stelle aller deutschen Städte" stünde. Mir hatte er tags zuvor erlaubt, einmal seinen Arbeitstag in der Stadtkanzlei zu verfolgen, der schon morgens um sieben Uhr begann.

Chefsekretärin Emmy Seemann, spätere Frau Beetz, die insgesamt vier Oberbürgermeistern ein Viertel Jahrhundert lang eine wertvolle Stütze war, waltete dort schon vor diesem Termin ihres Amtes. Telefonate, Besuche, Besprechungen, überschlugen sich dann. Was Kolb jedoch nicht hinderte, zwischendurch Witze aus seinem Repertoire, meist von Tünnes und Schäl, einzustreuen. Er würzte sich damit seinen langen Arbeitstag. Nur vier Stunden Schlaf erlaubte er sich. Am Nachmittag dieses Tages ging's noch zur Einweihung der Straßenbahnlinie Nied-Höchst. Selbstverständlich ließ Kolb, als in allen Sätteln gerecht, es sich nicht nehmen, sie über die Strecke zu fahren. Am Armaturenbrett seines Autos war extra für ihn, den unermüdlichen Schaffer, eine kleine Lampe montiert, die ihm im Dunkeln ein Aktenstudium ermöglichte.

Schonung seiner Gesundheit kannte das Stadtoberhaupt nicht. Obwohl diese während der Nazijahre infolge von Verhaftungen durch die Gestapo, durch Gefängnis- und KZ-Aufenthalte, schließlich auch noch durch Kriegsdienst geschwächt war. Was er sich gönnte, war das nächtliche Schwimmbad im Stadion. Wann immer es sich einrichten ließ, mußte sein langjähriger Fahrer, Heinz Krenzer, auf dem Nachhauseweg nach Höchst – der OB bewohnte mit seiner Familie, seiner Frau und seinem Sohn Walter, wie den Neufundländern Alf und Teddy einen Flügel im Bolongaropalast – am Stadionbad Halt machen. Kolb besaß einen Schlüssel zum Bad und schwamm im nächtlichen Dunkel dort manche Bahn. Natürlich ohne Badehose.

Bezeichnend für Kolb war es auch, daß er trotz seiner Arbeitsüberlastung immer daran dachte, seinen Nächsten Freude zu machen. Er, der Nichtraucher, langte bei manchem Empfang jener knappen Jahre gern in die dargebotene Zigarrenkiste, um mit einem „Rollgriff", wie er dies nannte, gleich einige dieser damals so wertvollen Glimmstengel herauszuangeln. „Für meinen Fahrer", pflegte er erklärend zu bemerken.

Dieser vitale Mann von rheinischem Naturell stieg zur Faschingszeit, wenn es die Zeit erlaubte, nur zu gern in die Bütt. Ein Faschingswagen von damals ist mir noch in Erinnerung. Sein Motto: Was wäre Frankfurt ohne seine Kolbe? In Großformat thronten zwei Figuren darauf, OB Kolb und der „Essig-Kolb".

Schnaufend kam er Anfang Dezember 1953 in der Wohnung der Familie Wöber an, wo er nach Bewältigung von 108 steilen Treppenstufen der Mutter der gerade geborenen 600.000.sten Einwohnerin, Margit-Ricarda, gratulierte.

## Der Herr „Ober"

Nur einmal habe ich Kolb, den jovialen, wütend gesehen. Das war in Istambul. Zu einem mehrtägigen Flug hatte der damalige Chef der KLM-Niederlassung Frankfurt, Harry Laponder, ihn mit seiner Frau, dazu auch einige Journalisten, eingeladen. Von der ersten bis zur letzten Stunde des Aufenthaltes begleitete uns dort ein sehr gut Deutsch sprechender türkischer Cicerone. Trotz mancher Richtigstellung aus der Umgebung blieb er gegenüber Kolb konstant bei der Anrede „Herr Ober". Da platzte schließlich selbst dem OB der Kragen, er meinte, endlich müsse der Cicerone doch begriffen haben, daß kein „Ober" aus Frankfurt, vielmehr Frankfurts OB die Stadt am Bosporus besuche.

Nicht ganz einverstanden war er eines Tages auch damit, daß sich Frankfurts damaliger Stadtverordnetenvorsteher, Hermann Schaub – somit erster Bürger der Stadt – den gleichen Stander an seinem Dienstwagen hatte anbringen lassen wie er ihn am „FA-1" besaß.

In dieser Zeit des sozialen und wirtschaftlichen Wiederaufbaus jagten sich Eröffnungs- und Einweihungsfeiern. Kein Tag nahezu verging ohne Richtfeste für verschiedene Objekte, -Wohnungen, Schulen, Krankenhäuser oder führende Wirtschaftsunternehmen. Verbunden war damit stets ein Richtschmaus mit den damals außerordentlich begehrten Rippchen für die hungrigen Mägen der noch schlanken Nachkriegsgäste. Sogar bei der Einweihung des „Kranzler" an der Hauptwache im Jahr 1951 (das später wegen des U-Bahn-Baus verschwand und erst 1981 wieder eröffnet wurde) ließ es sich Kolb nicht nehmen, dabei zu sein und es als das „schönste Café Europas" zu preisen.

Kurzum, Kolb war immer dabei, tanzte auf jeder Hochzeit. Als Erster stand er am Rednerpult, hielt – meist mit geschlossenen Augen – seine, zuweilen etwas pathetisch geratenen Ansprachen, eröffnete Fluglinien, Messen, Ausstellungen, Weihnachtsmärkte, Mainfeste und trat auch bei Vereinen als Gast auf den Plan. Instinktiv fand er in jeder Situation das richtige Wort.

### Kaisersaal-Einweihung

Zu den bedeutenden, über den Rahmen der Stadt hinausgehenden Festlichkeiten jener Tage gehörte - am 9. Juni 1955 - die Einweihung des wiederhergestellten Kaisersaals, der im Glanz seiner restaurierten 52 Kaiserbilder prangte. Bundespräsident Theodor Heuss sprach vom „Atem der Geschichte", der ihm in diesem Saal entgegenwehe.

Daß beim anschließenden gemeinsamen Essen im Magistratssitzungssaal die damals schon hochbetagte Malerin Lina von Schauroth, geborene Holzmann, eine Original-Frankfurterin und bekannte Persönlichkeit in der Stadt, wie üblich bei feierlichen Anlässen in weißer Smokingjacke und Krawattenschleife, plötzlich zum Erstaunen aller ihr Glas erhob und aus ihrer Liebe zu Preußen auf den letzten Kaiser einen Toast ausbrachte, dürfte allen Teilnehmern der Feier noch lange in Erinnerung geblieben sein. Niemand war aber ernstlich betroffen, man nahm den kleinen, aufhellenden Tupfer nicht als faux-pas, vielmehr als caprice eines Originals.

Lange saß man an diesem Tag noch beisammen. In Frankfurt mit seinem geselligen Stadtoberhaupt wurde damals gern gefeiert. Schließlich arteten die Festlichkeiten zur Kaisersaal-Eröffnung zu einer regelrechten Fête aus. Man sang und musizierte in der Vorhalle des Magistratssitzungssaales. Ein vom Wein beschwingtes Magistratsmitglied, Stadtkämmerer Dr. Georg Klingler, langte dabei mit kühnem Griff zu der an diesem Tag ausgestellten einzigen Kopie der Kaiserkrone und stülpte sie mit Elan dem von ihm verehrten Stadtrat Adolf Miersch aufs Haupt. – Miersch versah sein gewichtiges Amt als Tiefbaudezernent mit Energie und Durchsetzungsvermögen, er war auch Schöpfer der umstrittenen „Ost-West-Achse", der Berliner Straße, mit dem später korrigierten Flaschenhals an der Weißfrauenstraße. Er starb im Dezember 1955, Kolb hielt ihm die Trauerrede.

Bundespräsident Heuss, der Kolb schon in jungen Jahren in dessen Elternhaus begegnet war, weilte damals gern in Frankfurt. Nach offiziellen Anlässen saß er oftmals noch mit Freunden beim Glas Wein zusammen. „Der Bundespräsident geht, der Heuss bleibt hocke", pflegte er in vorgerückter Stunde zu sagen, Worte, die heute als Anekdote überliefert sind. Für uns Journalisten waren seine Reden schwer wiederzugeben. Der alte Herr sprach nämlich leise, schwäbelte zudem und sprang mit seinen Gedanken von einem zum anderen. Mucksmäusenstill mußte es sein, wenn er sprach. Als eines Tages bei Eröffnung der Frankfurter Messe sich der Oberbürgermeister während seiner Rede leise mit Hessens Ministerpräsident Dr. Georg August Zinn unterhielt, rügte Heuss ihn vom Rednerpult herunter. „Ja, mei' lieber Kolb, wenn Sie net aufhöre, kann i net weiterrede".

Sicher war es, besonders rückwärtig gesehen, ein schwerwiegender Fehler, daß sich Kolb, trotz angeschlagener Gesundheit, so viele Repräsentationspflichten aufbürdete. Hinzu kamen zudem noch Reisen ins Ausland, zweifellos für die Stadt wichtig, um zum ersten Mal nach dem Krieg wieder Auslandskontakte zu knüpfen. Stolz zog der OB übri-

Thomas Mann mit Frau Katja und OB Kolb (1949)

gens nach seiner ersten USA-Reise im Juni 1955 bei Rückkehr auf dem Rhein-Main-Flughafen sein Souvenir, eine knallbunte Krawatte, aus der Rocktasche.

Allein schon die am Schreibtisch anfallende Arbeit hätte ausgereicht, die Gesundheit eines jeden gesunden Mannes zu unterhöhlen. Für alle Beteiligten war es ein gewohnter Anblick geworden, den OB bei Sitzungen des Plenums neben einem hohen Stapel von Unterschriftsmappen zu sehen. Immer wieder betraten Amtsdiener oder eine seiner Sekretärinnen den Saal und versorgten ihn mit neuer Arbeit. „Es ist nur gut, daß ich einen so kurzen Namen habe", hatte er im Hinblick auf die Vielzahl notwendiger Unterschriften gesagt. All das geschah parallel zu Diskussionen und Fragen während der Sitzung. Unzählige Flaschen Mineralwasser kamen gleichermaßen auf seinen Tisch. Kolbs riesiger Durst war durch Krankheit bedingt. Für Kolbs Statur war dort übrigens ein extra breiter Sessel gearbeitet worden. Er steht noch heute in den hinteren Reihen des Saales.

Schokolade hatte ihm der Arzt verboten, – und doch haben seine Sekretärinnen ihn dabei ertappt, daß er sich des öfteren einmal ein Stück in den Mund steckte. „Eine Manie geradezu" nennt Frau Beetz Kolbs Bitte, ihm, der am liebsten hemdsärmelig am Schreibtisch saß, einige Male am Tag sein Jackett auszubürsten, bevor er fortging oder Besucher empfing. Das war wegen des Gewichts und Umfangs dieses Kleidungsstücks garnicht einfach. Darum schlüpfte die eine Sekretärin in den rechten, die andere in den linken Ärmel und die dritte begann die Säuberung.

Viele Nahestehende redeten auf ihn ein, er möge sich Schonung auferlegen. Helli Knoll, Chefin der Pressestelle seit ihrer Gründung und engste Mitarbeiterin, gehörte dazu. „Mein blondes Gift", nannte Kolb sie scherzhaft. „Keine Moralpredigten", pflegte Kolb auf solche Vorhaltungen zu antworten.

*Die Anspannungen fordern ihren Tribut*

Schon zu Beginn des Jahres 1956, das Jahr von Kolbs Tod, hatte ihn eine Lungenentzündung ans Bett gefesselt. Nach zu früher Arbeitaufnahme gab es einen Rückfall. Kolb mußte wieder ins Krankenhaus. Mehrmals habe ich als Reporterin den Kranken besuchen und mit ihm, fern vom Schreibtisch, über private Dinge plaudern können. Da sprach er dann während der ihm auferlegten Ruhe von seinen beiden Hunden, die ihm am liebsten nicht von der Seite weichen wollten. Jeden Abend, wenn es noch so spät geworden sei, hätte er ein Mitbringsel für sie gehabt. Der Tierfreund Kolb, der vorbildliche Tierschützer und Mitbegründer des Deutschen Tierschutzbundes nach dem Kriege, erzählte, wie viele Menschen ihm, im Wissen um seine Tierliebe, Fundtiere schickten, angefangen von der angeschossenen Möve, einem hinkenden Kater bis zum lahmen Schwälbchen. Bei einem zweiten Besuch pries er, der Vorsitzende des Deutschen Turnerbundes, den Sport, der zu Disziplin und Fairness erziehe und die Jugend zu kameradschaftlichem Zusammensein bringe. Er sei in jungen Jahren ein eifriger Wandervogel gewesen. Schließlich schilderte er auch Begegnungen mit Menschen, die er nie vergessen würde. Dem Urwalddoktor Albert Schweitzer gehörte seine volle Hochachtung. Er sprach von Louise Schröder, seiner Amtskollegin in Berlin, ihrer Sachkenntnis und gütigen Art, von der Alterspräsidentin des Bundestages, Dr. Elisabeth Lüders, der „charmanten, brillanten Rednerin". Zu den schönsten Erinnerungen hätten, so meinte Kolb, auch jene Stunden gehört, die er mit den Goethepreisträgern verbringen konnte, mit Thomas Mann, Carl Zuckmayer, Fritz von Unruh, Karl Jaspers und Annette Kolb.

„Der OB auf dem Weg zur Besserung", lauteten dann mehrfach Schlagzeilen der Lokalausgaben. Doch bis er nach langer zehrender Krankheit wieder am Schreibtisch im Römer saß, sollte es August werden. Im Hessen-Sanatorium in Bad Nauheim hatte er „einige 20 Kilo" (man sprach von 80 Pfund) abnehmen müssen. Es war ein äußerlich völlig veränderter Oberbürgermeister. Er scherzte zwar darüber, noch nie in seinem Leben so leicht gewesen zu sein, aber man merkte ihm doch den Vitalitätsverlust an. „Mein Dicker", hatte Frau Aenne ihren Mann stets liebevoll genannt. Das paßte nun nicht mehr.

Mit großer Herzlichkeit begrüßte ihn die Bevölkerung dann bei seinem ersten öffentlichen Auftreten nach der Krankheit. Zur Eröffnung des Kirchentages auf dem Römerberg erschien er kraftlos, ein schwaches Abbild des früheren OB. Sicher mag ihm dann der 1. September 1956 mit dem festlichen Zehn-Jahres-Gedenken an den Beginn der kommunalen Selbstverwaltung nach dem Krieg Genugtuung bereitet und Auftrieb gegeben haben. Repräsentanten des Bundes und des Landes bescheinigten in schönen Reden die Richtigkeit der bisherigen Frankfurter Kommunalpolitik. Die Aufbauleistung der Stadt habe als „Frankfurter Lösung" in der Bundesrepublik Schule gemacht, hieß es. Frankfurts Wiederaufbau und Kolb, das gehöre zusammen.

Wie ein Lauffeuer ging dann am frühen Morgen des 21. Septembers 1956 die Nachricht durch die Stadt: der Oberbürgermeister war tot. Kurz vor Mitternacht des 20. Septembers hatte er einen Herzschlag erlitten. Noch am Mittag war er verhältnismäßig unbeschwert und vergnügt im Kasino des Rathauses gewesen, war abends mit seiner Frau ins Theater gegangen, für ihn eine Konzession, die er nach seiner Krankheit schon einmal machte. Wenige Minuten vor seinem Tod hatte er noch mit seinen Hunden gespielt.

In unserer immer nüchterner werdenden Zeit kann man sich kaum vorstellen, was es heißt: eine ganze Stadt trauert. Das war in der Tat der Fall. „Er hatte für alles Verständnis, er gab einem immer den richtigen Rat", beteuerten seine drei Sekretärinnen unter Tränen – und sprachen damit stellvertretend für viele, viele Menschen. Mit dem Oberbürgermeister war ein Mensch dahingegangen, der auch mit anderen fühlte. Von diesem Bewußtsein waren bereits die erten Trauerstunden erfüllt. Auch für uns Zeitungsleute hat Walter Kolb immer Zeit gehabt. Ob am Tag, ob am späten Abend, ob nach Wahlen oder anderen besonderen Ereignissen, stets gab er ohne Umschweife Antworten auf Fragen, knappe, klare, von warmer Menschlichkeit erfüllte Antworten.

Eine Flut von Beileidsäußerungen ergoß sich ins Rathaus. Abgesehen von den tausend Kränzen aus dem In- und Ausland, konnte der Römer die zig-tausend Blumengrüße aus der Bevölkerung kaum fassen. Man hatte sie überall, in den Römerhallen, in der Halle des Rathauses, die Treppe hinauf zum Kaisersaal und in den Vorhallen, ausgelegt.

Um der Bevölkerung Gelegenheit zu geben, Abschied von ihm zu nehmen, wurde sein Leichnam am 22. September, einem Samstag, in einer Nische der Römerhallen neben der alten Kaisertreppe aufgebahrt. Alte und junge Frankfurter weinten still vor sich hin, während sie am geöffneten Sarg vorbeischritten, stundenlang. Für mich war das Bild des toten Walter Kolb in dem schweren Eichensarg so beeindruckend, daß es mir noch Jahre danach vor Augen trat, wenn ich mich bei irgendeiner Veranstaltung in den Römerhallen umweit dieser Nische aufhielt. Einmal, als ich dort mit dem späteren Oberbürgermeister Professor Dr. Willi Brundert, der Kolb auch vor seiner Amtsübernahme gekannt hat, bei einem „Frankfurter Abend" stand, kam blitzartig die Erinnerung wieder. Spontan sprach ich es aus. Brundert wandte sich ab und sagte nur: „Hören sie auf, das ist ja makaber".

Längst nicht alle konnten der Trauerfeier in der Paulskirche beiwohnen. Schwarz von Menschen war daher die Strecke, als sich der stille Zug mit dem von Turnern getragenen Sarg von den Römerhallen zur Paulskirche bewegte. In der überfüllten Paulskirche konnte wohl kaum eine Nadel zu Boden fallen. Bundespräsident Heuss, Freunde Kolbs aus der SPD, aus allen Teilen der Bundesrepublik nach Frankfurt gekommen, rahmten die Witwe Kolbs und den damals 13jährigen Sohn Walter (er kam einige Jahre danach im Alter von 18 Jahren bei einem Autounfall ums Leben) ein. Die kirchliche Trauerfeier hielt der damalige Kirchenpräsident D. Martin Niemöller. Heuss sagte, Walter Kolb habe ein Erbe übergeben, das als Beispiel fruchtbar bleiben werde. Frankfurts damaliger Generalmusikdirektor Georg Solti, inzwischen von der englischen Königin Elisabeth geadelt und mit dem Titel „Sir" bedacht, umrahmte die Trauerfeier mit seinem Orchester musikalisch.

Nie wieder sah ich einen solchen Trauerzug wie den, der sich von der Paulskirche über die Hauptwache, die Große Eschenheimer Straße, den Öderweg und die Eckenheimer Landstraße hin zum Alten Portal des Hauptfriedhofes wie ein überdeminsionaler Tatzelwurm bewegte. Die Glocken der Kirchen in der Innenstadt läuteten, vom Main her heulten die Schiffssirenen, ein Hubschrauber begleitete den

Walter Kolb in seinem Heim kurz vor seinem Tode

Zug. Hinter dem Sarg wurden auch seine beiden Neufundländer, Alf und Teddy geführt. Zahlreiche Frankfurter hatten sich den offiziellen Trauergästen und Delegationen angeschlossen. Tausende säumten die Straßen, um Abschied vom beliebten Stadtoberhaupt zu nehmen. In Frankfurts Zeitungen war tags darauf zu lesen: „Es war eine Ehrung ohnegleichen. Kolb wurde zu Grabe getragen wie ein Fürst. Da er ein aufrechter Republikaner war, ehrte Frankfurt mit dieser Trauerfeier sich selber".

Unbestritten ist bis heute, daß die Ära Kolb, getragen von dem Willen zum Wiederauferstehen der zertrümmerten Stadt und ihres Lebens, sich durch seltene Einmütigkeit, Geschlossenheit und Klarheit des Zieles auszeichnete. Alle Magistratsmitglieder, alle Stadtverordneten zogen gewissermaßen an einem Strang. Die Parlamentsdebatten im provisorisch zurechtgestutzen Handwerkersaal, die dort ja immerhin noch sechs Jahre nach dem Krieg über die Bühne gingen, waren zwar lebendig und zuweilen auch hart in der Sache, doch kaum von persönlichen Angriffen oder unsachlichen Argumenten getragen. Leben kam gewöhnlich in die Sitzungen, wenn Dr. Hans Wilhelmi, Fraktionsvorsitzender der CDU und späterer Bundesschatzminister, dessen dröhnende Lachsalven allgemein bekannt waren, oder Emil Carlebach, als Vorsitzender der Kommunistischen Partei, das Rednerpult betraten. Kolb war es gelungen, seine Kollegen im Magistrat wie auch die Stadtverordneten so zusammenzuschweißen, daß die Zerstörung Schritt für Schritt überwunden wurde, die Stadt wieder Ansehen erhielt. Aus Schutt und Asche war Frankfurt wieder entstanden, war sogar „Weltstadt" geworden, sagte man.

Zu seinem einjährigen Todestag war Kolbs Grab wiederum voller Blumengrüße aus der Bürgerschaft, jahrelang ging das so weiter. Der zum gleichen Tag uraufgeführte kurze Film über Kolbs Leben und Werk zeigte noch einmal deutlich, wie sehr sich dieser einst so vitale Mann im Laufe der Jahre verbraucht hatte. Gegen Ende seines Lebens war er ein von Krankheit schwer gezeichneter Mensch. Bei Enthüllung des Kolb-Porträts für die Oberbürgermeister-Galerie in der Wandelhalle des Römers gab es Kritik. Das Bild sei nicht gelungen, warf man dem Maler Runze vor. „Ei, ei, das ist er ja garnicht", platzte es dem damaligen Stadtverordnetenvorsteher Edwin Höcher, einem gebürtigen Wiener, heraus.

Frau Aenne Kolb gab damals dem Maler Hermann van Rietschoten einen Auftrag für ein Porträt des Verstorbenen. Es strahlt die Warmherzigkeit des Mannes aus, der die Geschicke der Stadt in schweren Zeiten lenkte.

Kolb lebt eigentlich noch immer in Gedanken zahlreicher älterer Bürger. Das zeigt sich deutlich, wenn irgendwo die Sprache auf ihn kommt.

Auch Frau Kolb bekommt, ein Vierteljahrhundert danach, zuweilen noch Briefe von Frankfurtern, die sich ihres Mannes als Helfer in der Not erinnern.

# WERNER BOCKELMANN

Frankfurt mußte nun auf die Suche nach einem neuen Oberbürgermeister gehen. Sehr bald schon begann sich das Kandidatenkarussell zu drehen. Naturgemäß keimte in so manchen Magistratsmitgliedern oder Stadtverordneten die Hoffnung und das Begehren auf diesen wahrlich mit viel Arbeit und Verantwortung verbundenen Sessel auf. Einige gerieten sogar in Streit darüber, es kam zum „Duell der Giganten". Zudem waren auch mehrere Namen von Männern außerhalb Hessens ins Spiel gebracht. Sogar Bundeskanzler Helmut Schmidt – „Schmidt-Schnauze" sagte man damals – später Innensenator von Hamburg, geriet kurzfristig in den Kreis der Aspiranten.

Immer schon hatten Frankfurts Bürger hohe Ansprüche an die Lenker der Geschicke ihrer Heimatstadt gestellt. Ohne allerdings darauf zu bestehen, daß diese Männer, denen sie ihr höchstes Amt anvertrauten, auch innerhalb der Mauern des heimatlichen Bereichs geboren sein mußten. „Import" wurde keineswegs abgelehnt. Nur einer der Sechs, nämlich Walter Möller, war ja wirklich in Frankfurt zur Welt gekommen. Vor dem ersten Weltkrieg war das ganz ähnlich, auch damals gelangten weitgehend „Auswärtige" an's Ruder der Stadt.

Anfang Dezember 1956 wurden von einem eigens eingesetzten Magistratsausschuß alle eingegangenen Bewerbungen auf das hohe Amt geprüft. Es waren fünf. Darunter befand sich die von Werner Bockelmann, damals Oberbürgermeister von Ludwigshafen. Er, Jurist und SPD-Mitglied seit 1947, war von der Frankfurter SPD zur Bewerbung aufgefordert worden. Die Wahl des „Neuen" sollte jedoch erst Anfang 1957 erfolgen. So geschah es. Zehn Tage nach Neujahrsbeginn stand der Nachfolger Walter Kolbs fest. Es war Werner Bockelmann, Jahrgang 1907.Frankfurt hatte wieder ein Stadtoberhaupt. Der historische Ausruf der Franzosen „le roi est mort, vive le roi" hatte nun, abgewandelt, auch für Frankfurt Geltung.

Am 4. April 1957 wurde Werner Bockelmann offiziell in sein Amt eingeführt. In dieser Zeit tauchte aus einem Zeitungsarchiv ein Foto auf, das längere Zeit vorher bei einer Sitzung des Hessischen Städtetags aufgenommen worden war. Es zeigte Kolb und Bockelmann (der bisher in Frankfurt weitgehend unbekannt war) einträchtig nebeneinander sitzend. Kolb neigte in gewohnter Manier seinen Kopf zur Seite, in Richtung Bockelmann. Man hatte ihn, der zu dieser Zeit noch Oberstadtdirektor von Lüneburg war, bevor er OB von Ludwigshafen wurde, als

Referenten zu der Sitzung eingeladen. Bockelmann sollte über das für Frankfurt aktuelle Thema der Verstaatlichung der Polizei referieren, eine Maßnahme, die in Lüneburg schon verwirklicht worden war. Konnte dieses Foto nicht als Wink des Schicksals gedeutet werden? Also war auch jenen Genüge getan, die in solchen Zufällen geheime Zusammenhänge wittern.

### Der Schatten des Vorgängers

Die Nachfolge eines bedeutenden Mannes anzutreten, wiegt schwer. Mag der Erbe des Amtes von noch so gutem Willen beseelt, mag er tatkräftig und mit hohen Geistesgaben bedacht sein, immer wird er sich einem Vergleich mit dem Vorgänger aussetzen müssen. Und Walter Kolb hatte nun einmal sehr hoch in der Publikumsgunst gestanden.

Dies war Werner Bockelmann durchaus klar, als er das, wie Zeitungen schrieben, „vielleicht begehrteste Amt in der kommunalen Selbstverwaltung der Bundesrepublik" antrat. Auf allen Gebieten der Kommunalverwaltung seien lebendige Impulse von Kolb ausgegangen, sagte er in seiner Antrittsrede. Und wörtlich: „Ihn zu ersetzen, ist eine sehr, sehr schwere Aufgabe".

Vom Naturell her hätte es kaum Unterschiedlicheres geben können als Kolb und Bockelmann. Der „Neue" hatte nichts vom heiteren Temperament des Rheinländers. Tätscheln und Zwinkern war nicht seine Sache. Auch zu der üblichen Duzerei unter seinen Genossen schien er sich überwinden zu müssen. Es ist sicher eine gewisse Tragik, daß er Nachfolger eines Oberbürgermeisters wurde, dessen Stärke in der Kontaktfreudigkeit lag, auf diese Weise war für ihn die Resonanz in der Bürgerschaft schon erschwert.

Bockelmann war sachbezogen und nüchtern, – ein „Schreibtisch-OB, der das Pipapo nicht liebte", charakterisierten Rathaus-Mitarbeiter. Nicht, daß er nicht auch fröhlich und guter Dinge sein konnte. Doch eben von ganz anderer Art als Kolb.

Wie unbeschwert und lustig sich Bockelmann zu geben vermochte, erlebte ich, als ich ihn zufällig mit seiner Frau in den Sommerferien oberhalb von Meran, in einem Berg-Restaurant in Dorf-Tirol, traf. Dorf-Tirol war lange Zeit die Heimat seiner Frau, nachdem auch ihre Familie Russland verlassen mußte. In der Bergatmosphäre war die OB-Würde völlig von ihm abgefallen.

Kolbs Nachfolger war am 23. September 1907 in Moskau als Sohn eines deutschen Bankiers geboren, der mit seiner Familie während des ersten Weltkrieges aus Rußland ausgewiesen worden war. 1920

OB Bockelmann schaut vom Balkon des Römers
verhalten auf das Volksfestgetriebe.
Ihm lagen solche Veranstaltungen weitaus weniger
als seinem Vorgänger Kolb.

schon lebte der junge Bockelmann in Norddeutsch-
land, in Lüneburg. Er sprach perfekt russisch, erzählte sogar einmal, daß er sich mit seiner Mutter
immer noch gern russisch unterhalte. Sein Deutsch
klang so, wie es ein Balte zu sprechen pflegt, der das
„r" kräftig rollt. Wenn er – beispielsweise – seine
Ansprache zur Enthüllung des Friedrich-Stoltze-
Denkmals, (eine seiner ersten Amtshandlungen)
mit dessen Wahlspruch „Alles for Frankfurt" been-
dete, tönte das in Frankfurter Ohren schon ein wenig
fremd. Im Gegensatz zu seinem betont korrekten,
nahezu spröden Wesen, gab er sich äußerlich recht
salopp.

Schon vor Amtsantritt hatte der OB verlauten
lassen, er werde mit seiner Familie nicht in den Sei-
tenflügel des Bolongaropalastes, das frühere Heim
Kolbs, einziehen. Sehr bald hatte er dann auch ein
Haus am Ginnheimer Hang gekauft. Genau gegenüber dem, in dem einmal Frankfurts unvergessener
Stadtrat, Professor Dr. Ernst May, der international
berühmte Vorkämpfer moderner Stadtplanung und
vor dem Krieg Schöpfer einiger beispielhafter
Wohnsiedlungen in Frankfurt, gelebt hatte. May
wäre nach dem Kriege auch gern wieder nach Frankfurt zurückgekehrt, wenn man ihn gerufen hätte. So
hatte er sich bei einem sommerlichen Kurzaufent-
halt in Frankfurt in kleinem Kreis geäußert. Es schei-

terte wohl daran, daß dieser eigenwillige Könner manch einem im Magistrat zu unbequem erschien.

Sicher ist, daß die Familie Bockelmann sich in diesem Haus mit Taunus-Blick recht wohl gefühlt hat. Das so spröde erscheinende Stadtoberhaupt hatte übrigens einen starken Familiensinn. Manchmal sei es vorgekommen, erzählte seine Chefsekretärin, Frau Emmy Beetz, daß er ganz plötzlich abends mit der Arbeit im Römer Schluß gemacht habe, weil ihm sein Versprechen eingefallen sei, sich seinem jüngsten Sohn noch etwas zu widmen. Er wolle mit ihm doch wieder einmal „Schneewittchen" spielen, habe er einmal gesagt. Die Frage, welche Rolle er dann wohl übernehmen werde, habe er lachend beantwortet. „Heute bin ich Spieglein an der Wand'".

Starsänger Udo Jürgens, alias Udo Jürgen Bockelmann, war sein Neffe. Damals steckte der heute international Bekannte noch in den Anfängen. „Onkel Werner" muß, den Andeutungen zufolge, nicht allzu viel von der leichten Muse gehalten haben. Jedenfalls sei er nicht daraufaus gewesen, Udos Auftritte im Fernsehen anzuschauen.

Nach kurzer Amtszeit schon beteuerte das Stadtoberhaupt, er und seine Familie seien in Frankfurt schon recht heimisch geworden. Bei Eröffnung des Mainfestes sagte er dies auch der Bevölkerung, die sich unter dem Balkon des Römers zum festlichen Auftakt versammelt hatte.

An sich schienen Feste dieser Prägung, wie vor allem das Faschingstreiben, Bockelmann viel Überwindung zu kosten. Wenn irgend möglich, ließ er sich beim Fasching durch den damaligen Stadtrat und Bürgermeister Dr. Wilhelm Fay vertreten. Seine Frau, Rita Bockelmann, war dagegen gern „first Lady", sie hatte viel für Repräsentation übrig. Daß er dann doch einmal beim Ebbelwein in Sachsenhausen auftauchte, lag ganz sicher nur daran, daß der französische Botschafter, François Seydoux de Clausonne, sich anläßlich seines Besuches gewünscht hatte, diese typische Frankfurter Szene einmal kennenzulernen.

Kritisch, garadezu sarkastisch, beleuchtete er mir gegenüber einmal die Form der heutigen Gesellselligkeit. „Es reden zwar alle, jedoch hört keiner dem anderen zu. Wir haben das verlernt".

Mittlerweile war in Frankfurt die Periode des Wiederaufbaus im Großen und Ganzen abgeschlossen, die Phase des Neubaus in vollem Gange. Es entstanden Wohnungen, Schulen, Krankenhäuser, Brücken, Schwimmhallen und vieles andere. Natürlich mußte auch Bockelmann die zeitraubende Arbeit auf sich nehmen, bei Feiern zur Grundsteinlegung oder Fertigstellung, bei Preisverleihungen oder aus welchen Anlässen auch immer präsent zu sein und Reden zu schwingen. Entlastung beim Abfassen so mancher Ansprache wurde ihm von Frankfurts damaligem Kulturdezernenten, Stadtrat Dr. Karl vom Rath, zuteil.

Für Walter Kolb hatte Helli Knoll, die „Mutter der Journalisten", wie sie sich gern nennen ließ, zahlreiche Reden ausgearbeitet. Mit Bockelmann war ein Wechsel im Verhältnis des Oberbürgermeisters zur Pressereferentin eingetreten. Wie man im Jargon zu sagen pflegt, die beiden waren sich nicht ganz grün. Helli Knoll war dem neuen OB bestimmt zu schwülstig oder sentimental in der Ausdrucksweise, auch sie bekam zu ihm keinen guten Kontakt. So wurde mit Beginn des Jahres 1960 das Amt für Öffentlichkeitsarbeit mit dem Leiter Joachim Peter gegründet. Die Aufgaben des Presseamtes – oder der Pressestelle, wie sie sich damals nannte – seien davon unberührt. So hieß es zunächst, um Helli Knoll nicht zu brüskieren. Nicht lange danach entschloß sich aber die geborene Mainzerin, die in Frankfurt ihre Wahlheimat gefunden hatte, sich nach 17 Jahren Pressearbeit für die Stadt nur noch dem Tierschutzverein zu widmen. Sie erhielt 1964 - in einer reichlich formellen Feierstunde das Bundesverdienstkreuz für ihre langjährige Arbeit und wurde dabei nicht nur als „Journalistin mit Leib und Seele" gewürdigt, sondern auch, mit Recht, als tapferer und hilfreicher Mensch. So manchem Journalisten hatte sie nach dem Krieg beigestanden – und wenn es nur darum ging, ihm ein Dach über dem Kopf zu verschaffen. Aus dem Amt für Öffentlichkeitsarbeit wurde dann das Presse und Informationsamt, wie es heute noch existiert.

## Die Magistratspressekonferenzen

Frankfurts kommunalpolitisch tätige Journalisten befreite Bockelmann übrigens von einer langjährigen Mühsal, nämlich sich nach dem turnusmäßigen, allwöchentlichen Magistratssitzungen Informationen über deren Ablauf zu verschaffen. Es pflegte jedesmal ausgesprochen zeitraubend und mühselig zu sein, die einzelnen Stadträte nach den Sitzungen zu erreichen und sie dann noch um Auskunft über Beschlüsse und Vorgänge zu bewegen. So führte Bockelmann, auf entsprechende Vorstellungen der Presse, fußend auf den Bestimmungen der hessischen Gemeindeordnung, die öffentlichen Pressekonferenzen nach Magistratssitzungen ein. Sie sind bis heute zum festen Bestandteil der Zusammenarbeit zwischen Rathaus und Presse geworden.

Er war es auch, der Fritz von Unruh und seiner Frau ein Wohnung in Ginnheim besorgte. Persönlichkeiten des öffentlichen Lebens, unter anderem Niemöller, die Intendanten Hilpert, Stroux und

Erwin Piscator, hatten ihn gebeten, sich dafür einzusetzen. Doch Unruh fühlte sich nicht wohl in Frankfurt, kehrte auf sein Hofgut in Diez zurück, wo er im
Dezember 1970 starb.

Immer stärker kam Kritik daran auf, daß die Entwicklung kulturellen Lebens mit dem Wiederaufbau aus Schutt und Asche nicht habe Schritt halten
können. Das stimmte sicher. Dennoch, bisher war
nun einmal aus der Not heraus der Wiederaufbau
von Wohnungen, Schulen und Krankenhäusern
Thema Nummer eins und hatte demgemäß Vorrang.
Böse Zungen hatten ja auch schon den tatkräftigen,
realistischen Walter Kolb als absolut amusisch
abgestempelt.

Bockelmann war zweifelsohne ein musischer
Mensch, er interessierte sich für alles, was Kunst be-
traf. Wenn er – um ein bezeichnendes Beispiel zu
nennen – bei Dienstreisen Plätze berührte, wo es
berühmte Kunstschätze oder Sehenswürdigkeiten
gab, so ließ er nicht locker, bis er seinen Begleitern
diese gezeigt und erläutert hatte.

Schon bei seinem Antritt hatte er davon gesprochen, ihm liege ein breitgefächertes Kulturpro-
gramm am Herzen. Ein möglichst großer Teil der
Bevölkerung sollte daran teilhaben. Nach dem
Sprichwort „Der Mensch lebt nicht vom Brot allein",
so seine Definition, sollte die Kulturpolitik in ihrer

Rangordnung materiellen Problemen gegenüber nicht zurückstehen.

Eng arbeitete er mit dem Kulturdezernenten zusammen, besprach mit ihm jedes Vorhaben aus dessen Dezernat und sicherte ihm, soweit es in seiner Macht stand, Unterstützung zu. Da aber, gemäß der Hessischen Gemeindeordnung, der Oberbürgermeister keine besonderen Rechte gegenüber seinen Kollegen besitzt und demnach an die Beschlüsse der Magistratsmitglieder und Stadtverordneten gebunden ist, blieb manche kulturelle Planung auf der Strecke.

Diese Gebundenheit an die Entscheidungen des Magistratskollegiums wurmte Bockelmann insgeheim, schließlich kam er ja aus Ludwigshafen, der Stadt mit der Bürgermeisterverfassung, wo nur der Oberbürgermeister das Sagen hat, also nicht überstimmt werden kann. Einmal fragte er einen Mitarbeiter der Geschäftsstelle des Städtetages scherzhaft, sicher aber doch mit ernstem Hintergedanken, ob man in Frankfurt nicht die Bürgermeisterverfassung einführen könne. Auch aus launigen, subtil ironisch gefärbten Bemerkungen ging zuweilen hervor, was er über allzu zeitraubende Debatten für seinen Teil dachte. So empfahl er zum Beispiel bei der Einweihung des Stadtbads Mitte (Juni 1960) den Magistratsmitgliedern, auch sie sollten in der Sauna des neuen Bades besonders heikle Probleme disku-

Bürgermeister Rudi Menzer
bei einer Veranstaltung (1962)

tieren, wie es die Römer in den Thermen getan hätten. Für Abkühlung sei durch die großen Becken auf alle Fälle gesorgt.

Im Jahre 1907 sollte eine alte Eibe aus dem Garten des früheren Senckenbergmuseums am Eschenheimer Turm fallen, die Frankfurter protestierten jedoch und sammelten Geld für ihre Umsetzung. Wirklich wurde der alte Baum in den Palmengarten transportiert, wo er heute noch lebt. Dieses historische Ereignis forderte Bockelmann bei einem Empfang im Kaisersaal zu folgender Bemerkung heraus: „Auch heute haben die Frankfurter etwas für alte Bäume übrig, wenn ihnen Gefahr droht, abgeholzt zu werden. Und sie sammeln auch, aber leider kein Geld, sondern nur Petitionen, den Baum unbedingt zu erhalten".

Zur Arbeitsanhäufung kamen auch bei Bockelmann Auslandsreisen, deren Ziele er sich aber nach seinem Geschmack aussuchte. Zusammen mit Bürgermeister Dr. Leiske und Stadtverordnetenvorsteher Heinrich Kraft besuchte er New York und Chikago. Er fuhr zum Kongreß des Weltturnerbundes nach Moskau und feierte dort Wiedersehen mit den Stätten seiner Kindheit und Jugend. Ende 1958 war er in Israel, anschließend berichtete er vor Studenten von seinen Eindrücken, zeigte auch Dias, denn Fotografieren war sein Steckenpferd.

Schon in den ersten Jahren seiner Tätigkeit an der Spitze der Kommune wurde im Plenum heiß um die Genehmigung von Mammutprojekten gestritten, wie es sie in der Größenordnung vorher in Frankfurt nicht gegeben hatte. Man wagte sich an Unternehmungen wie z. B. die Nordweststadt. Der Plan des Zürichhauses kam auf den Tisch, Bewilligungen anderer Hochhäuser, vornehmlich im Westend, folgten auf dem Fuß. „Allweg oder Unterpflaterbahn" hieß es in ersten Diskussionen, in denen es darum ging, dem Ballungsraum Frankfurt bessere Verkehrswege zu schaffen. Frankfurt bewarb sich damals, 1960, schon einmal um die Bundesgartenschau, ein Vorhaben, das später, mitten in der Rezession, dem Rotstift zum Opfer fallen mußte.

Die Bebauung des Römerbergs, endlich im Januar 1981 begonnen, beschäftigte die Gemüter schon damals, der erste Wettbewerb wurde ausgeschrieben. Sein Ergebnis stand im März 1963 fest.

*Frankfurt erhält neue Bühnen*

Ein Lieblingskind von Kulturdezernent Dr. vom Rath, ebenso vom Oberbürgermeister, war gewiß der Bau der Theaterdoppelanlage, der späteren Städtischen Bühnen. Lange war dem Vorhaben kein Glück beschieden. Das seien Wunschträume, hieß es, zunächst müßten Bauprogramme für Wohnungen und andere „nützlichere" Dinge verwirklicht werden.

Bockelmann, der musische OB, bemühte sich stets, seinem Engagement für kulturelle Vorhaben auch Erfolg zu verschaffen. Kaum hatte er sich in Frankfurt vertraut gemacht, besichtigte er sämtliche vorhandenen kulturellen Einrichtungen, ließ sich über Engpässe und Nöte aufklären, um sich nachträglich für eine Aufstockung der finanziellen Mittel einzusetzen. Daß dabei die Leiter der Institutionen zuweilen „tricksten", damit Geld für Neuanschaffungen in die Kasse kam – so rückte man zum Beispiel in der Stadt- und Universitätsbibliothek möglichst schadhafte Folianten ins Blickfeld des Besuchers – waren kleine, für einen guten Zweck vorgenommene Täuschungsaktionen.

Ärger machte Bockelmann die Kritik der CDU (April 1957) an der Brecht-Aufführung „Die Geschichte der Simone Machard". Voll und ganz stand er hinter seinem Kulturdezernenten, gleichermaßen die Mehrheit der Stadtverordneten. Man sprach dem seinerzeitigen Generalintendanten Harry Buckwitz, der später so ausgezeichnete Brecht-Aufführungen inszenierte, das Vertrauen aus. Brecht brauchte nicht abgesetzt zu werden.

Schließlich war eines Tages auch die Hürde „Theaterdoppelanlage" genommen, ihr Bau wurde genehmigt (November 1958). Als eine Sensation geradezu nahmen viele Kulturbeflissene danach die Nachricht auf, Marc Chagall, der betagte, russische, in Frankreich lebende Maler, werde ein Bild für das Foyer malen („Die Welt der Commedia dell'arte). Er hatte es Dr. vom Rath bei dessen Besuch in seinem Heim in Vence bei Nizza zugesagt. Heftig kritisiert wurde damals zwar der Preis für das Bild, das ja zur Hälfte durch Spenden erworben werden konnte. Wie kurzsichtig diese Kritik war, zeigte sich schon bald danach: ein Amerikaner wollte für das Bild eine Million Mark, gut das zweieinhalbfache der gezahlten Summe, auf den Tisch legen.

Welcher Meinungssturm sich bei Einweihung der Theaterdoppelanlage (12. Dezember 1963) wegen der „Goldwolken" auf Frankfurt ergießen werde, ahnte damals niemand. Bis nach Australien trieb dieser Sturm um die avantgardistische Dekoration des sehr hohen, aber schmalen Foyers, von einem Teil der Bevölkerung abwertend als „allzu teure Konservendosen" geschmäht. Doch der Sturm brachte aus vielen Erdteilen Fachleute zur neuen Theaterinsel, – die Schöpfung des Ungarn Soltan Kemeny mußte besichtigt werden. Ich hatte damals das Glück, den recht introvertierten Künstler für ein Interview zu gewinnen, bei dem er trotz großer Zurückhaltung seine Arbeit vehement verteidigte. Er lebte damals in Zürich, ist inzwischen verstorben.

Auf Bockelmanns Schreibtisch stapelten sich seiner-
zeit viele Protestbriefe ob der „Wolken", gleichermaßen gab es jedoch auch Anerkennung für die
ungewohnten schmückenden Elemente.

Auch der Neubau der Stadt- und Universitätsbibliothek (1962) kam durch Bockelmanns Initiative
zustande, der sich gegen die Einwände seiner Magistratskollegen durchsetzen konnte.

## Der „gentleman"

Bockelmann, Sproß einer großbürgerlichen Familie, war zweifellos der richtige Mann – ein Herr, ein
gentleman, sagte man –, wenn es darum ging, prominente Besucher gebührend willkommen zu heißen
und Frankfurt zu „präsentieren". Es kamen in jenen
Jahren nicht wenige. Nach langer Vorbereitung
durch den damaligen Stadtrat Dr. Karl Altheim und
seine Mitarbeiter war die Jumelage, die Partner-
schaft mit Lyon in Sicht. Unter einem Fahnenmeer
gaben Lyons Oberbürgermeister Pradel und
Bockelmann am 10. Juni 1960 im Rathaus zunächst
einmal die „Verlobung" beider Städte bekannt. Mitte Oktober hieß Bockelmann dann alle Gäste von
der Rhône und vom Main willkommen, als – im
Rahmen einer deutsch-französischen Woche – in der
Paulskirche „Hochzeit" gefeiert wurde. Mit vielerlei

Aktivitäten, sogar mit Beaujolais aus dem Justitia-
brunnen. Diese Hochzeit werde in der Zukunft Europas eine wichtige Rolle spielen, orakelte kühn
Frankreichs Botschafter, François Seydoux de Clausonne. Heute ist der Wert solcher Partnerschaften
zuweilen strittig, dennoch haben im Laufe der Jahre
zahlreiche Frankfurter jeglichen Alters die Stadt des
französischen Widerstandes aufgesucht und Kontakte zu ihren Bewohnern geknüpft.

Mehrmals kam auch Berlins Regierender Bürgermeister Willy Brandt nach Frankfurt und tauschte
mit Bockelmann in freundlicher Atmosphäre Erfahrungen über ihre so störanfälligen Großstadtgebilde
aus. Ebenso führte es den Bundespräsidenten immer wieder an den Main, Theodor Heuss sprach –
beispielsweise – auch bei der Einweihung der Deutschen Bibliothek (April 1959), sein Nachfolger,
Heinrich Lübke, trat im September 1960 zum ersten
Mal offiziell in Frankfurt auf den Plan. Und sagte
dann im Kaisersaal die heute geradezu seherisch
wirkenden Sätze: „Wir sind dabei, den materiellen
Aufbau so weit zu treiben, daß wir beinahe nur noch
an ihn denken. Dieser Tanz um das „goldene Kalb"
ist ein Irrweg".

In Frankfurt war man schier aus dem Häuschen,
als am 25. Juni 1963 der damalige Präsident der Vereinigten Staaten, John F. Kennedy, die alte Kaiser-
stadt Frankfurt besuchte. Ein Höhepunkt in ihrer

Chronik, ebenso in Bockelmanns Amtsperiode. Zahlreiche Sicherheitsbeamte beider Nationen machten schon Tage zuvor das Rathaus zu ihrem Domizil, drangen in jeden Winkel bis ins Dienstzimmer des OB vor. Fernsehteams, Reporter und Fotografen beherrschten die Szene.

Schwarz von Menschenmassen war dann der Römerberg, als der außerordentlich jugendlich wirkende Präsident mit dem Oberbürgermeister am Römerportal erschien. Jackie Kennedy war, sicher zum Bedauern vieler Frankfurterinnnen, nicht mit von der Partie, dafür aber ihre Schwester, die hübsche Lee Radziwill.

Von einem Podest in Nähe des Römer-Portals schwang der Präsident, frei und temperamentvoll sprechend, seine Rede. Sein Dolmetscher war der Amerikaner Bob Lochner. Er feierte nun Wiedersehen mit Frankfurt, denn er war einige Jahre, gleich nach Kriegsende, als Presse-Offizier der Amerikaner bei „Radio Frankfurt" tätig, außerdem kannten ihn viele Journalisten auch als Dolmetscher des US-Hochkommissars, General Lucius D. Clay, bei dessen turnusmäßigen Presse-Konferenzen.

Nach seiner Ansprache wich Kennedy, sicher zum Leidwesen seiner Bewacher, vom vorgeschriebenen Weg ab, ging händeschüttelnd durch die Menge und strebte dann in großem Bogen wieder dem Rathaus zu. Man jubelte ihm zu. Auch seine Rede in

Ein Höhepunkt in der Amtsperiode von OB Bockelmann:
Der Besuch des US-Präsidenten John F. Kennedy im Juni 1963.

der Paulskirche am Nachmittag war von anhalten-
dem Applaus begleitet.

Auf den Spuren seines ermordeten Bruders kam
ein knappes Jahr später, im Mai 1964, Senator Ed-
ward Kennedy, nach Frankfurt, Eine Schwester
Kennedys, Mrs. Eunice Shriver, suchte in diesen Jahren die Mainmetropole sogar mehrmals auf, um sich
in der Albert-Griesinger-Schule über die Arbeit mit
behinderten Kindern zu informieren. Dem Leiter
der Schule hat sie dann auch eine Einladung in die
Staaten überbracht.


### Die „Frankfurter Abende"

Daß die Stadt im Juni 1963 im Zeichen des
„6 Welt-Erdöl-Kongreßes" (Inter-oil) stand, hatte
man ohne Frage Bockelmanns verzweigten Verbin-
dungen zu Industrie und Handel zu verdanken. Einer
seiner Brüder war Vorstandsmitglied beim größten
Mineralölkonzern der Bundesrepublik. In guter
Laune hatte Bockelmann einmal in kleiner Runde
erzählt, seine Brüder, alle in leitenden Positionen
der Wirtschaft, meinten humorvoll, wenn die Sprache auf ihn komme, er habe es ja „nur" zum Oberbürgermeister von Frankfurt gebracht.

In Verbindung mit dem Rendezvous der Ölge-
waltigen wurde dann auch der „Frankfurter Abend"

ins Leben gerufen, diese Einladung der Stadt für ihre Gäste aus aller Welt und aller Schichten, die sich bis heute in dem gleichen rustikalen Rahmen in den historischen Römerhallen bewährt hat. Lange hatte man damals gerätselt, wie man den verwöhnten internationalen Besuchern Gastfreundschaft erweisen könne. Die von üblichen schablonenhaften Hotelempfänge abweichende Einladung zu Rippchen, Kraut und Ebbelwein mit dem Leiermann im RömerHöfchen und der zwanglosen Gemütlichkeit im Römer schlug ein.

## Spannungen

Alle Großprojekte, nicht zuletzt der begonnene U-Bahn-Bau, sollten natürlich dem Ziel dienen, die Wirtschaftskraft der Stadt zu stärken. Doch vor dem Hintergrund einer allgemein schwieriger gewordenen Wirtschaftslage, vornehmlich auf dem Bau- und Brennstoffmarkt, verschärften sich zwangsläufig die Möglichkeiten der Finanzierung und Durchführung, das Klima im Plenum wurde unwirtlich. Spannungen zwischen dem SPD-Parteihaus mit seinen „starken Männern" und dem Magistrat wie den Fraktionen nahmen zu. Bockelmann hatte es ja auch nicht erreicht, Vorsitzender der SPD-Magistratsgruppe zu werden, eine wichtige Schlüsselposition, mit der manche gewichtige Entscheidung zu beeinflussen war. Aus einer Protesthaltung blieb er darauf des öfteren den Sitzungen der Gruppe fern. „Ich bin doch kein Popanz der Fischerfeldstraße", (dem SPD-Parteisitz) so ließ er sich mehrfach gegenüber engen Mitarbeitern aus.

Kurzum, für ihn häuften sich Ärger und Mißmut. Im übrigen war dieser OB – dieser Großbürger und Weltmann – nicht der Typ, sich auf Gedeih und Verderb mit der Partei anzulegen, sich „durchzuboxen". Vielmehr waren alle Ärgernisse dazu angetan, die Gesundheit des sensiblen Oberbürgermeisters, den man inzwischen auch mit dem Ehrendoktor der Universität bedacht hatte, zu untergraben. Mag sein, daß ihm damals schon Gedanken gekommen sind, den Weg der Kapitulation zu gehen. „Die Partei hat ihm dauernd Vorschriften gemacht, er wurde ausgiebig unter Druck gesetzt", hieß es später in Insiderkreisen. Ein Magistratskollege anderer Couleur, der Bockelmanns Schweißausbrüche und Beklemmungszustände einige Male miterlebt hatte, meinte: „Er war völlig fertig, seine Genossen haben ihn durch die Mühle gedreht".

Die Folge: Bockelmann mußte sich einer Kur unterziehen. Bürgermeister Rudolf Menzer übernahm die Amtsgeschäfte. Nach Rückkehr erlitt er, im April und Mai, Schwächeanfälle. Die Diagnose der Ärzte war es dann, die Bockelmann, auch in Gedanken an seine Familie, bewog, den nervenaufreibenden Posten aufzugeben und seinen Hut zu nehmen.

Wenig später eröffnete er den Magistratskollegen, nach Genesung baldigst die nicht so aufreibende Tätigkeit eines Präsidialmitgliedes des Deutschen Städtetages in Köln zu übernehmen, eine Entscheidung, die ihm, weil sie kurz nach seiner Absage an Frankfurt getroffen wurde, hier und da Nachrede eintrug.

### Ein „Neuer" muß her

Eine neuerliche Oberbürgermeister-Krise stand ins Haus. Nun mußten die Königsmacher wiederum nach einem Oberhaupt Ausschau halten. Es war garnicht so leicht, eine geeignete Persönlichkeit zu finden. Am 15. Juni 1964 war die harte Nuß geknackt. Staatssekretär Professor Dr. Willi Brundert, damals Leiter der Hessischen Staatskanzlei, den die schicksalschwere Anfrage der Stadt auf einer Schiffsreise erreichte, erklärte sich bereit, sich als SPD-Kandidat für die Oberbürgermeister-Wahl zur Verfügung zu stellen. Nach einem für ihn positiven Wahlausgang – woran bei der seit Jahren schon bestehenden Römer-Koalition nicht zu zweifeln war – würde er die Chefposition der so problemträchtigen Stadt übernehmen. So gut wie sicher ist, daß das Wort des damaligen hessischen Ministerpräsidenten, Dr. Georg August Zinn, den Ausschlag für dessen Bereitschaft zur Kandidatur gegeben hat. Anfang Juli 1964 wurde Brundert dann mehrheitlich von den Stadtverordneten zum neuen Oberbürgermeister und Nachfolger Bockelmanns gewählt.

Die gefährliche Krise war beendet. Nicht zuletzt auch dadurch, daß Bürgermeister Menzer auf seinen zunächst einmal erhobenen Anspruch auf das OberbürgermeisterAmt verzichtet hatte, eine Entscheidung, die ihm von allen Seiten Hochachtung einbrachte, ihm wurden politische Klugheit und Einsicht zugestanden.

Auf einen „W. B." war nun wieder ein „W. B." gefolgt. Prädestiniert quasi für das Amt an der Spitze schienen, drolligerweise, Männer zu sein, deren Vornamen mit dem Buchstaben „W" begannen, wobei der „Walter" den Vogel abschoß.

Wenig später nach der Zusage von Willi Brundert verabschiedete sich Werner Bockelmann im Römer von seinen Kollegen. Dem Zeremoniell im Magistratssitzungssaal fehlte allerdings Wärme und Herzlichkeit. Es bedeute für ihn ein bitteres Sich-Abfinden mit einer Notwendigkeit, einer Zwangssituation, erklärte Bockelmann bewegt. Jeder konnte ihm ansehen, wie ihm diese Stunde zu schaffen machte. Unmißverständlich trat er auch, in der Absicht, in vollem Frieden von Frankfurt zu scheiden,

„Bockelmann geht" –
ein Schnappschuß aus dem Alltag des Oberbürgermeisters

Gerüchten entgegen, unterschiedliche Meinungen in Fragen der Investitionspolitik hätten ihn „von Frankfurt vertrieben". Seine Bilanz zur Amtsperiode fiel positiv aus: in den sieben Jahren habe er in zahlreichen Fragen, nicht zuletzt denen der Raumordnung, entscheidend mitwirken können.

Dem – nicht anwesenden – Nachfolger gab er den Wunsch mit auf den Weg, während seiner Dienstzeit sollten sich so wichtige Vorhaben wie der U-Bahn-Bau, die Errichtung der Nordweststadt, die Bebauung des Dom-Römer-Bereiches und die Schaffung der Naturwissenschaftlichen und Medizinischen Fakultät in Niederursel vollenden, fromme Wünsche, die sich natürlich nicht verwirklichen ließen.

Durch seine Tätigkeit beim Deutschen Städtetag hat Bockelmann später zu seinem Nachfolger Willi Brundert, der Präsident des Gremiums wurde, recht freundschaftliche Kontakte gefunden.

Bürgermeister Menzer, Widersacher in mancher Streitfrage, attestierte Bockelmann, alles für die Stadt getan und viele Anregungen gegeben zu haben. Auch in kulturellen Fragen habe der Scheidende stets eine glückliche Hand bewiesen.

Man trank „Hochheimer Hölle" auf das Wohl der Stadt, Bockelmanns Glas war – wegen seines schlechten Gesundheitszustandes –, nur mit Wasser gefüllt.

Ein Schnappschuß aus dem Alltag des OB, eine Weile vor seinem Ausscheiden aufgenommen, zeigte ihn, wie er nach Dienstschluß, ein kleines Aktenköfferchen in der Hand, den Römer verließ. Jetzt konnte man diesem Foto eine gewichtigere Bedeutung geben: Der OB verläßt den Römer endgültig. Mit einer in diesem Sinne gefaßten Unterschrift brachten einige Zeitungen dieses Foto also noch einmal.

Das stimmte zwar nicht, denn Dr. Werner Bockelmann war noch einige Male, gesund und aufgeschlossener denn je, im Rathaus, bevor er am 7. April 1967 tödlich auf der Autobahn verunglückte.

Am Tag seiner Beisetzung, am 11. April 1967, waren Frankfurts Fahnen auf Anordnung des Magistrats auf halbmast gesetzt. Zugleich wurde beschlossen, ein Gemälde des Vorstorbenen malen zu lassen, das, wie alle Bilder ehemaliger Oberbürgermeister, seinen Platz in der Wandelhalle des Rathauses bekommen sollte. Wie es auch geschah: Am 10. Juni 1969 wurde das von der Malerin Ricarda Jacobi, Darmstadt, einer Schülerin von Kokoschka, gemalte Porträt im Römer enthüllt. Es zeigt Bockelmann ohne jede Pose, ein wenig lässig, die Hände in den Hosentaschen, wie er es gern zu tun pflegte, mit leichtem Lächeln in den Augenwinkeln. Seine Frau

Rita fand das nach Fotos gemalte Bild ausgesprochen gut gelungen.

Oberbürgermeister Professor Dr. Willi Brundert würdigte den „Freund Bockelmann" wie auch das „aktive Stadtoberhaupt". Würde nach Jahren jemand fragen „Wer war das?" werde die Antwort lauten: „Einer der großen Oberbürgermeister dieser Stadt".

# WILLI BRUNDERT

Neben dem Gemälde Werner Bockelmanns hängt in der Bildergalerie bedeutender verstorbener Oberbürgermeister der Stadt auch das von Willi Brundert. Es wurde gleichfalls von Ricarda Jacobi geschaffen. Doch war diesem Porträt längst nicht so viel Beifall beschieden wie dem von Bockelmann. Die Malerin hat Brundert nämlich in einer nachdenklichen, beinahe schwermütigen Pose festgehalten. Die meisten jedoch kannten ihn lachend, fröhlich, mit blitzenden blauen Augen und einem Schalk darin. Wer ihm dagegen öfters begegnet war, hatte sehr wohl auch den für Sekunden recht nachdenklichen, in sich versunkenen Oberbürgermeister mit dem nach innen gerichteten Blick erlebt. Hier wurde nun ein Mann auf die Leinwand gebannt, der sich der Bürde des Amtes durchaus bewußt war und schwer an ihr trug. Auch der Mensch, der in den zurückliegenden Jahren ein schweres Schicksal hatte erleiden müssen: Brundert, der Widerstandskämpfer der Nazijahre, später – als Professor und Ministerialdirektor der Landesregierung Sachsen-Anhalt in einen politischen DDR-Schauprozeß verwickelt und zu 15 jähriger Zuchthausstrafe verurteilt. Sein Lebensbild war vielfach als „Spiegelbild deutschen Schicksals" gedeutet worden. In der Bevölkerung war er allenthalben als der Frohgemute, der Optimismus ausstrahlende OB erschienen. So hätten es sich die meisten gewünscht, ihn auch in dieser Verfassung auf dem Bilde zu sehen.

Professor Dr. Willi Brundert, am 12. Juni 1912 in Magdeburg geboren, hatte sich in den Krisentagen des Frühsommers 1964 für Frankfurt, die „Stadt seines Herzens", wie er öfters sagte, entschieden. Hier hatte er – unweit der Bockenheimer Warte – als Student der Rechts- und Staatswissenschaften gelebt und die Stadt liebgewonnen. Doch wußte er genau, als er seine Zustimmung zur Kandidatur und Amtsübernahme gegeben hatte, welche vielschichtigen Aufgaben sich hier stellen würden.

Dann hat ihn das höchste Amt aufgerieben – wie seine Vorgänger auch, und ebenfalls seinen Nachfolger. Auch Brunderts Gesundheit war durch den Krieg, durch Jahre hinter Zuchthausmauern der DDR, davon fünf Jahre in Einzelhaft in einem Kellerverlies, angeschlagen. Dort hatte er sich das Leberleiden zugezogen, an dem er, 58jährig, am 7. Mai 1970 verstarb. Nur sechs Jahre waren ihm an der Spitze des so schwer regierbaren, hektischen und facettenreichen Gemeinwesens Frankfurt vergönnt. Keine glücklichen unbeschwerten Jahre, die ihm hätten Auftrieb geben können.

„In Frankfurt werden die Oberbürgermeister nicht alt", schrieb später der bekannte Journalist

Richard Kirn über den Nachruf für Brundert. Wie wahr und erschreckend zugleich.

Wo waren die Zeiten geblieben, da Frankfurts Oberbürgermeister der Vorkriegszeiten fest, ohne Attacken und Konflikte, und damit auch ohne die ungeheure nervliche Beanspruchung auf ihrem Amtssessel saßen und kontinuierlich ihrer Arbeit für die Bürger nachgehen konnten. Wie zum Beispiel Dr. Johannes Miquel, der nach zehn Jahren in ein höheres Amt, das eines preußischen Finanzministers, überwechselte, – oder gar der „Stratege des modernen Frankfurts", Franz Adickes, der 1891 nach Frankfurt kam und seinen Oberbürgermeister-Stuhl erst 1912, aus Gesundheitsgründen freigab.

Als Willi Brundert in den letzten Augusttagen 1964 im Römer seinen Amtseid leistete und in seiner Grundsatzrede die kommunale Selbstverwaltung in den historischen Prozeß der Demokratisierung des Landes einordnete, war er gewiß von Tatendrang und Optimismus erfüllt. Hessens Landeschef, Dr. Georg August Zinn, geborener Sachsenhäuser und aus Freundschaft zu Brundert aus diesem Anlaß in seine Heimatstadt gekommen, sagte feierlich: „Mit der Amtsübernahme des neuen Oberbürgermeisters beginnt auch eine neue Phase in der Geschichte dieser Stadt. Mögen sich die Erwartungen in reichem Maße erfüllen". Womit er andeutete, daß nach Beseitigung der Kriegsschäden nun andere Aufgaben anstünden, damit die Stadt wirtschafts-, wohn- und verkehrsgerecht werde und die ihr zukommende Lebensform fände. Ein aufhellender Tupfer im Ernst der Stunde: man schenkte dem „Neuling" eine Dialekt-Schallplatte, als Hilfsmittel dafür, jetzt „richtig Frankfurterisch" zu lernen.

## Die Ungunst der Zeit

Ob Oberbürgermeister Brundert die Zeit des Gestaltens genutzt, entscheidende Akzente gesetzt und Weichen für die Zukunft gestellt hat, bleibt dahingestellt. Vom Naturell her war er nicht dynamisch. Er war vielmehr ein Mensch, der auf dem Boden des Rechtes stand und – bei aller Verbindlichkeit – von seinem Rechtsstandpunkt nicht abweichen konnte.

In seine Amtszeit fiel die Rezession, die dem gesamten Bundesgebiet einen Erdrutsch brachte. Außerdem wurde in dieser von Generationskonflikten erfüllten Ära auch Frankfurt Schauplatz von Studenten- und Schülerrevolten, die sich in Straßenschlachten Luft machten. Faktoren also, die sich auf eine harmonisch verlaufende Amtsperiode belastend auswirkten und Unzufriedenheit erzeugten. Es gab Rückwirkungen auf die Stimmung im Plenum, Auseinandersetzungen in den Gremien.

OB Brundert begrüßt Journalisten
bei einer Pressekonferenz über Wohnungsbauvorhaben
(rechts die Autorin)

Mit der Zeit traten, wie in der Amtszeit Bockelmanns, auch Spannungen und Konflikte mit den SPD-Genossen auf, mit den „starken Männern im Parteihaus". Auch Personal-Querelen waren an der Tagesordnung.

Brundert war schon mit 18 Jahren Mitglied der SPD geworden, für ihn die Partei des Fortschritts und der Menschlichkeit. Also bemühte er sich, dieser Spannungen Herr zu werden, sie abzubauen, „das Zepter an sich zu reißen". Doch seine Dünnhäutigkeit bildete ein Hindernis, er war nicht der Charakter, rigoros Ellenbogen zu gebrauchen. Auf ihn paßten die historischen Worte Churchills „ein guter Politiker müsse auch ein guter Schlächter sein" wahrlich nicht. Er sei zu weich, nörgelte man in seinen Reihen, ginge Entscheidungen gern aus dem Wege. Freunde Brunderts, zu denen der 1968 verunglückte, viel betrauerte Schuldezernent Willy Cordt, später dann auch Stadtkämmerer Hubert Grünewald gehörten, rieten ihm zur Distanz. Er solle sich nicht von Parteiauseinandersetzungen zermürben oder gar beherrschen lassen.

Wir Journalisten schenkten ihm in diesen Tagen einmal, als symbolhafte Aufmunterung, eine rosa Brille, durch die er alles in rosigem Licht und nicht so schwarz und schwer sehen sollte. Überdies rieten wir ihm, mit der Faust kräftig auf den Tisch zu schlagen und sich Gehör zu verschaffen. Seine Reaktion auf solch aufmunternden Ratschläge war zumeist nur ein Lächeln, ein trauriges Lächeln.

Sein Bestreben, erwachsen aus seiner toleranten Haltung und dem bescheidenen Wesen, war stets, niemanden verletzen zu wollen, – eine Haltung, die seinen Genossen gegenüber bestimmt nicht angebracht war. Ein Schuß vom sprichwörtlichen „Holzhammer-Charme" des späteren Oberbürgermeisters Rudi Arndt hätte Brundert gut getan.

Im Rückblick mag mancher begriffen haben, daß Willi Brundert, der sich zu viel Arbeit, zu viele Ämter aufgebürdet hatte und für sich selbst keine Schonung kannte, kränker war als man ahnte. So fehlte ihm naturgemäß die physische und psychische Kraft, harte Kontroversen ausdauernd durchzustehen. Wohl oder übel geriet er im Laufe der Zeit, wie Bockelmann, vielleicht sogar auch Kolb in der letzten Periode, ins Schlepptau der Partei, in ihren Windschatten. Nach der Hessischen Gemeindeordnung war ja der OB nur „einer unter Gleichen", „primus inter pares", dem lediglich bei Stimmengleichheit des Magistratskollegiums die Entscheidung vorbehalten war. Hätte Brundert im übrigen das Talent besessen, einen Teil seiner Amtsgeschäfte an seine Mitarbeiter zu delegieren, wäre sein langer harter Arbeitstag sicher auch erleichtert worden.

Zurück zu den ersten Jahren Brunderts im Römer. Es sprach für ihn, daß er das Zusammenfallen seines Amtsantritts mit dem bevorstehenden Kommunalkampf bedauerte. Denn er würde alles, so beteuerte er, was er bei den ersten offiziellen Auftritten zu sagen habe, genau so sagen, wenn es keinen Wahlkampf gäbe. Ihm lag es nicht, sich mit Schmus, auf der Wahlpropagandawelle schwimmend, Pluspunkte zu verschaffen oder falsche Vorstellungen zu erwecken.

Bevor er noch an seinem Schreibtisch im traditionellen, holzgetäfelten Dienstzimmer mit der Fensterfront zur Paulskirche saß, hatte er sich schon in die Arbeit gestürzt, zunächst ins Aktenstudium. Nach der Theorie die Praxis, – er besuchte die ihm unbekannten Stadtteile, besichtigte die neue Nordweststadt mit ihren Einrichtungen, vor allem dem modernen Krankenhaus, durch das ihn Chefarzt Professor Dr. Edgar Ungeheuer führte, kletterte mit ihm sogar aufs Dach des Klinikums, um von der Höhe einen weiten Überblick zu gewinnen. Frau Irmgard, von ihm Irmel genannt, aufgeschlossen und liebenswürdig, war dabei, ebenso sein Pudel Blacky.

Brunderts Ziel war es, ein „bürgernaher Oberbürgermeister" zu werden, das unterstrich er stets bei seinen ersten öffentlichen Begegnungen mit den Frankfurtern, die Verwaltung hätte für den Bürger zu sorgen, nicht umgekehrt.

OB Brundert wird von Prof. Dr. Edgar Ungeheuer
durch das neue Nordwest-Krankenhaus geführt.

Fürs erste blieb Brundert Pendler in Frankfurt. Er wohnte mit seiner Familie im Haus des Ministerpräsidenten in Wiesbaden, der ihn, 1963, von der Landesfinanzschule in Rotenburg an der Fulda als Staatssekretär und Chef der Staatskanzlei an den Sitz der hessischen Landesregierung geholt hatte. Rotenburg an der Fulda war Brunderts erste Station, nachdem es sozialdemodratischen Freunden (darunter auch Dr. Zinn) gelungen war, ihn aus dem DDR-Zuchthaus frei zu bekommen. Auch Brunderts persönlicher Referent, Richard Burkholz, kam von der Landesfinanzschule.

„Ich brenne darauf, mit meiner Familie nach Frankfurt überzusiedeln", meinte der OB nach einiger Zeit voller Ungeduld. Sehr früh am Morgen saß er schon an seinem Schreibtisch im Römer, erst spät am Abend verließ er ihn, um sich auf den Weg nach Wiesbaden zu machen. Die Vielzahl der Verpflichtungen brachte es mit sich, daß ihm kaum ein freies Wochenende blieb.

Eines Tages dann, im Mai 1965, hieß es, der „OB wird Sachsenhäuser", die Stadt hatte dort, als Sitz für ihn und künftige Lenker der Mainmetropole, ein komfortables Haus am Lerchesberg erworben. Dort fühlte sich Brundert mit Familie – Frau Irmel, Tochter Ingrid und Sohn Jürgen (der ältere Sohn Harald war schon aus dem Haus) – wohl. Er, der jahrelang im Zuchthaus der Einsamkeit ausgesetzt war, genoß es nun, ab und an Gäste zu haben. Die im Kommunalbereich tätigen Journalisten waren mehrmals zur fröhlichen Runde bei Brunderts eingeladen und erlebten liebenswürdige Gastgeber. Noch gut erinnere ich mich an einen Geburtstag Brunderts, der auf einen Sonntag gefallen war. Delegationen mancher städtischer Ämter, Chöre und Abordnungen von Vereinen waren erschienen, um ihm zu gratulieren und trotz des Regens ein Ständchen im Garten zu bringen.

Solche Stunden schienen ihn offensichtlich für die schwere Vergangenheit zu entschädigen. Es mag sein, daß er die Erinnerung an das Zurückliegende bewußt zurückdrängen wollte. Seine Äußerungen, zum Beispiel auf meine Frage, wie er es jahrelang in der Keller-Isolierung, bei allen vorgenommenen Erpressungsversuchen noch dazu, habe aushalten können, fielen ausgesprochen knapp aus.

Als charmanter, auch tanzfreudiger Oberbürgermeister zeigte sich Brundert den Gästen der Frankfurter Abende. Obwohl wegen totaler Ebbe im Stadtsäckel eine strikte Sparwelle ins Rathaus eingezogen war (Brundert: „Nur noch bei besonderer Gelegenheit wird hier künftig der Sektpfropfen knallen"), vertrat er doch die Meinung, von Zeit zu Zeit sei es notwendig, ins hektische Getriebe des Alltags Pausen einzuschalten. Also gab es, trotz Finanzmisere, in bescheidenerem Rahmen als früher, aus Anlaß von Messen, Kongressen oder anderen Veranstaltungen immer einmal wieder einen „Frankfurter Abend". Hatte Brundert die Gäste im Kaisersaal begrüßt, pflegte er sie dann in die „Attrappenstadt" in die darunterliegenden Römerhallen zu bitten, zu Ebbelwein und Rippchen mit Kraut. „Attrappenstadt" nannte er sie deswegen, weil man die Wände der Hallen mit Kulissen der in Asche versunkenen Altstadt geschmückt hatte. „Volkstümlichkeit und Bürgernähe konnte Brundert aus vollem Herzen genießen", schrieb sein Nachfolger, Walter Möller, später zum Geleit einer Gedenkschrift über den Verstorbenen.

Zu einem Höhepunkt städtischer Gastlichkeit wurde damals zweifellos der XIII. Kongreß des Weltbundes der Krankenschwestern im Juni 1965. Er führte 6000 Schwestern aus 66 Ländern nach Frankfurt. Sie waren – nach den Arbeitssitzungen – mehrmals in den Römer geladen. Das bunte Völkergemisch der Schwestern aller Hautfarben in ihren prächtigen Festgewändern, in Kimonos, Saris oder Sarongs, brachte mehr als nur einen Hauch von „Märchen aus Tausend-und-einer-Nacht" in die Räume. Heiße Rhythmen allenthalben, Iwan Rebroff sang, griechische Gruppen begleiteten ihn, – bald sprach man vom „tanzenden Kongreß". Ich sehe es noch deutlich: Kaum wegreißen konnte sich der Oberbürgermeister von dem Treppenpodest, von dem aus er, interessiert und belustigt, auf das Gewoge im Vestibul des Rathauses herunterschauen konnte, auf die Gruppen festlich gekleideter, vielfach fremdartig wirkender Frauen, die Tänze ihrer fernen Heimat zeigten.

## *Die Zeit der leeren Kassen*

Frankfurts prekäre Finanzsituation, die Haushaltsmisere, der Konjunkturrückgang im gesamten Bundesgebiet brachten es mit sich, daß immer mehr Maßhalteparolen zur Tagesordnung wurden und nur noch vom Gürtel-enger-schnallen die Rede war. Zahlreiche Objekte fielen dem Rotstift zum Opfer. Weniger neue Bauvorhaben, weniger Repräsentation, weniger Dienstreisen, Rationalisierung im Bereich der Stadtverwaltung, Etatkürzungen bei verschiedenen Institutionen. Beispielsweise bei den Städtischen Bühnen, was Generalintendant Harry Buckwitz zum Rücktritt veranlaßte.

Mit Warnungen vor unnötigen Ausgaben würzte der damalige Bundesbankpräsident Karl Blessing zum Neujahrsempfang der Stadt 1966 seine Ansprache. Frankfurt lege sein Geld im U-Bahn-Bau an, erklärte in jenen Tagen Oberbürgermeister Brundert. Bedauernd sprach er sich dazu aus, die Anteile an der Johann-Wolfgang-Goethe-Universität an das

Land abzutreten. Man müsse sich jedoch der zwingenden Notwendigkeit beugen, schließlich bedeute es eine echte Entlastung, wenn die Millionen für die Universität nicht mehr in den ordentlichen städtischen Haushalt aufgenommen werden müßten.

Wenn, unter diesem Finanzdruck, nun sogenannte Mammutprojekte, wie die Bebauung des Römerbergs oder einige Schulbauvorhaben, zunächst auf die Warteliste gesetzt – oder gebremst und so zu „Investitionsruinen" wurden, war Brundert ein strikter Befürworter kleiner Lösungen, die zur Verschönerung des Stadtbildes oder auch nur des Römers beitragen konnten. So war ihm der Anblick des großen weiten Platzes vor dem Römer ein Greuel. Er war zur Schutt- und Parkhalde degradiert und hätte doch eine „Visitenkarte der Stadt" abgeben sollen. Weil sich infolge der Geldnot für die nächste Zeit keine endgültige Lösung verwirklichen lasse, plädierte er dafür, eine Zwischenphase in Angriff zu nehmen, also dort eine Grünfläche zu gestalten. Wie es dann auch geschah. Stets hätte er Planungen begrüßt, Frankfurts Römer einen repräsentativen Ratskeller zu geben. Oft stöberte er auch in den Magazinen der Museen herum, um dort lagernde Stücke an die Öffentlichkeit zu holen. Bald prangte auf sein Betreiben an der Stirnwand des Rathaus-Foyers das viermal-acht-Meter große Gobelin eines Brüsseler Künstlers, das ein Schlachtengetümmel aus der

Zeit Alexander des Großen zeigt. (Es ist inzwischen wieder entfernt.) Wenn die Stadt heute zu Empfängen in den Limpurg-Saal bitten kann, so geht es auf Brunderts Initiative zurück, daß aus dem lange vernachlässigten historischen Raum, einer regelrechten „Rumpelkammer" und Abstellplatz für alte Akten des Standesamtes, ein festlicher Saal im Schmuck einiger Museumsschätze geworden ist.

Im Juni 1965 erhielt Brundert durch ein Mitglied des Hauptvorstandes der Internationalen Union die Ehrenurkunde als Widerstandskämpfer. Im gleichen Jahr war er als Autor des Buches „Von Weimar bis heute – Im Spielgel eigenen Erlebens" hervorgetreten. Darin schilderte er seinen kompromißlosen Kampf gegen den Nationalsozialismus und seine Freundschaft zu den Widerstandskämpfern Carlo Mierendorff, Theo Haubach und Adolf Reichwein. Er, der Vielbeschäftigte, hatte das Buch während eines Urlaubs in der Schweiz geschrieben. Seine tiefe Verbundenheit zu Carlo Mierendorff klang später auch in einer ergreifenden Rede zur Namensgebung einer Haupt- und Realschule in Preungesheim an.

Nicht immer waren seine Reden so eindrucksvoll, weil der ehemalige Hochschullehrer gern weit ausholte. Manch einer meiner Kollegen, der ihn zu aktuellen Anlässen befragen mußte, klagte bisweilen darüber. „Bitte schreiben Sie nicht alles, was ich Ihnen zu diesem Thema gesagt habe", war seine geläufige Redensart. Der „Hochschulprofessor" habe oft durchgeschlagen, wissen Leute aus dem Rathaus noch heute zu berichten, wenn Brundert sich nach Referaten oder Diskussionsbeiträgen anschickte, quasi Noten zu verteilen.

„Penibel und ordentlich" sei er überdies gewesen, heißt es ebenso. Jeden Abend habe er sorgfältig seinen Schreibtisch aufgeräumt, bevor er das Haus verließ. Und noch etwas: der ihm kredenzte Kaffee mußte gut sein. Der damalige „gute Geist" im Römer, die zierliche Frau Therese Midinet, kochte ihn nach seiner Meinung am besten.

Drollig war auch die Reaktion mancher Rathaus-Mitarbeiter auf Brunderts gelegentliche Äußerungen, er sehe die – damals recht modern gewordenen – Backenbärte bei ihnen nicht sehr gern. Es dauerte garnicht lange, da waren die meisten Bärte ab.

Doch wir alle schätzten ihn sehr, seine warme Herzlichkeit, seine stete Gelassenheit, nicht zuletzt auch seinen Humor in mancher prekären Situation.

Das Stadtoberhaupt wußte jederzeit, was es seinem Image als bürgernaher beliebter Oberbürgermeister schuld war, ganz abgesehen davon, daß ihm Begegnungen mit der Bevölkerung, beim Wäldchestag, beim Mainfest oder auf dem Weihnachtsmarkt, offensichtlich auch Ablenkung von mancherlei Alltagsfrust bedeuteten. Er strahlte förmlich, wenn vorübergehende Leute meinten „des is de Brundert, unsern' OB lääft da". Einmal, beim Einkauf in einem kleinen Sachsenhäuser Laden, setzte die bejahrte Verkäuferin sogleich zu der Frage an „Sind Sie nicht?" Worauf der OB ihr ins Wort fiel und lachend meinte „Nein, der bin ich nicht". Allerdings gab er sich dann doch zu erkennen.

In der Kette der Repräsentationspflichten stach der OB, von humorigen Bemerkungen begleitet, den Weihnachtsbock an, pflanzte Bäume, zum Beispiel auf dem Platz vor der Hauptwache, schäkerte mit Kindern bei Schulbesuchen, saß in Ebbelweinkneipen, streifte an Urlaubstagen mit seinem Pudel durch den Stadtwald, präsentierte sich mit Faschingsmütze oder ließ sich gar zum Ehrenhäuptling „Humiltshsen" von neun kanadischen Indianerstämmen ernennen.

Ganz in Erinnerung schwelgte er bei einem Besuch seiner Studentenbude in Bockenheim.

Bei einer Podiumsdiskussion zu kommunalpolitischen Themen – diese Veranstaltungen für die Öffentlichkeit hatte er übrigens ins Leben gerufen – zeigte sich der ehemalige Hochschullehrer gegenüber dem Wortführer der damals zu Hauf protestierenden Schüler als Beherrscher der Szene. Beim Versuch, ihm das Mikrophon aus der Hand zu reißen, widersetzte sich Brundert energisch und blieb beim entstehenden Handgemenge Sieger. Wofür er dann spontan auch einen Anerkennungsbeifall erhielt.

Auch auf seinen Schultern lasteten neben seiner Arbeit im Römer viele Ämter, er war Vorstandsvorsitzender der Regionalen Planungsgemeinschaft Untermain, Präsident des Hessischen Städteverbandes, vor allem auch Präsident des Deutschen Städtetages, wo er für eine gerechte Finanzreform eintrat. Im Juni 1966 übernahm Brundert dann noch die Aufgabe, als Präsident des Deutschen Bühnenvereins zu fungieren. Angesichts der Situation der Theater sei es gut, unterstrich er damals, wenn sich jemand für diese Aufgabe erwärme, der die Finanznot der Städte kenne. Außerdem wolle er damit nach außen demonstrieren, daß Frankfurt auch eine Stadt des Theaters sei, nachdem sie zunehmend nur als „Muster der Finanznot" oder „U-Bahnstadt" hingestellt werde.

Mehrere Male, auch mit Bürgermeister Dr. Wilhelm Fay und dessen Frau Henriette, war der OB mit Frau Irmel Gast in der französischen Partnerstadt Lyon, der Stadt des französischen Widerstandes, in der er sich auch als „Mann des Widerstandes" zu erkennen gab. Er schätzte den Gedanken der Städtepartnerschaft über die Grenzen hinaus auf das Ziel hin, das Verstehen der Völker füreinander zu vertiefen und damit den Frieden zu festigen.

Insgesamt gesehen, war Brundert nicht derjenige, der oft die Koffer packte. „Es gibt keinen OB, der so wenig verreist ist", sagte er einmal von sich.

OB Brundert wird von neun kanadischen Indianerstämmen
zum Ehrenhäuptling „Humiltshsen" ernannt.

Herbe Kritik mußte sich der OB dann im Januar 1966 gefallen lassen. Die SPD hatte beschlossen, nicht mehr für die Wiederwahl von Bürgermeister Rudi Menzer einzutreten. Bedauern, ja sogar Empörung darüber, einen so verdienten Mann nicht mehr zu nominieren, klang in der Bevölkerung auf, insbesondere natürlich in Bornheim, wo Menzer als junger Mensch zu Hause war. Ob Brundert diese aus „kommunalpolitischen Gründen in Richtung auf die Allparteienkoalition" getroffene Entscheidung gut geheißen hat, ist fraglich. „Rudi", wie Menzer populär genannt wurde, schluckte sie jedenfalls schwer. Als Äquivalent und um weiterhin für seine Vaterstadt wirken zu können, so die offizielle Version, stellte ihn die SPD als Direktmandaten bei der Landtagswahl auf. Menzer zog in den Landtag ein.

Beim festlichen Abschied aus dem Römer im Juli 1966 machten mit Rudi Menzer gleich noch drei weitere verdienstvolle Ruheständler Platz für die Nachfolger: Männer der ersten Stunde, die am Wiederaufbau Frankfurts teilhatten und schon mit Oberbürgermeister Kolb zusammenarbeiteten: Stadtkämmerer Dr. Georg Klingler – nach 20jährigem „Finanzminister-Dasein" –, Stadtrat Karl Blum und Stadtrat Dr. Rudolf Prestel, alle mit höchsten Auszeichnungen dekoriert. Als neuer Bürgermeister trat Dr. Wilhelm Fay, als neuer Stadtkämmerer Hubert Grünewald, in Aktion.

Nur wenige Tage danach wurden übrigens die Wiederaufbaukosten der Opernhausruine einschließlich einer Tiefgarage von der Aktionsgemeinschaft Opernhaus mit 26 Millionen Mark beziffert, der Magistrat nahm es zur Kenntnis, ohne Beschlüsse zu fassen. Dies als Kuriosum: Denn heute werden die tatsächlichen Wiederaufbaukosten amtlich mit „knapp 150 Millionen Mark" angegeben.

Am 16. Juli 1966 war dann der „Staatsrechtler Brundert" ganz in seinem Element, als er mit einer Dokumentation „Frankfurt 1866" zum 100. Jahrestag der Übernahme Frankfurts durch Preußen den „richtigen historischen Rahmen" deutlich machte. In realer Betrachtung, frei von Ressentiments, müsse man – so sein Fazit – glücklich darüber sein, daß es so gekommen sei: Denn damit habe sich Frankfurt seine Zukunft erschlossen.

Freude und Genugtuung empfand Brundert ganz sicher – Anfang Juni 1966 – bei Übergabe der Ehrenbürgerurkunde an Hessens Ministerpräsidenten Dr. Georg August Zinn, seinen Freund. Ein „Triumvirat von Ehrenbürgern", nannte er die drei Ehrenbürger jener Tage, Professor Dr. Otto Hahn (zu dem er auch eine freundschaftliche Verbindung pflegte), Professor Dr. Max Horkheimer und den Ministerpräsidenten.

## Die neue Theaterleitung

„Ein neuer Generalintendant muß her", tönte es zu Beginn des Jahres 1967 im Rathaus, es war das Jahr, das für Brundert und seinen Kulturdezernenten Dr. vom Rath lange unter dem Zeichen der Suche und Entscheidung für einen Neuen stand, nachdem Harry Buckwitz beabsichtigte, zum 31. August 1968 auszuscheiden. Es gab vielerlei Diskussionen auf vielerlei Ebenen. Im Juni 1967 hat dann Ulrich Erfurth vor drei weiteren Kandidaten das Rennen gemacht. Vorher hatte man sich im Magistrat für nur einen einzigen Nachfolger als Theaterchef entschlossen, die Gewaltenteilung also abgelehnt. Zu den weiteren Kandidaten gehörte damals auch Egon Monk, Hamburg. Ein wenig später war auch der inzwischen zu Ruhm gelangte Peter Stein als Kandidat auf den Posten eines Schauspieldirektors zur Vorstellung nach Frankfurt gekommen.

## „Frankfurt-Manhattan"

Ins Kreuzfeuer der Kritik gerieten in jenen Tagen die inzwischen allenthalben in Frankfurts Himmel, vornehmlich westlichen Himmel, ragenden stereotypen Hochbauten aus Glas und Beton, als „weder Fisch noch Fleisch" oder „Ausdruck verlogener Mittelmäßigkeit" bekrittelt – und zwar von prominenten, von alten und jungen Frankfurtern. Einen Sturm, zumindest in den Gazetten, entfesselte damals lange Zeit, bis 1970, die Planung des Technischen Rathauses, sein Standort, seine Höhe seine drei Türme, kurzweg „Elefantenfüße" tituliert, der Verwaltungssilo, der vom damaligen Baudezernenten Dr. Hans Kampffmeyer favorisiert wurde. Erst im März 1970 ging der letzte Akt dieses kommunalpolitisch schwierigen Kapitels über die Bühne: die SPD stimmte gegen CDU und FDP für das Projekt. „Es bleibt dabei", hieß es trotz vieler darauf verweisender Gegenstimmen, der Mammutbau werde die Proportionen aller Bauten auf dem Platz zwischen Dom und Römer erschlagen, vor allem der Dom werde unter diesen Massen leiden, er sei nun als „Hauskapelle eines Konzerns" anzusehen. Alles nützte nichts, der Bau entstand und wurde später sogar vom Land Hessen mit einem Preis bedacht. In jener Zeit tauchten auch schon die Spottnamen für die alte Stadt am Main auf, „Mainhattan" oder „Frankfurt-Manhattan".

### Die U-Bahn fährt ...

Drei gewichtige Festtage waren der Stadt und seinem Stadtoberhaupt zu Anfang Oktober 1968 beschert: der erste, allerdings nur neun Kilometer lange U-Bahn-Abschnitt, ferner der Umbau der Hauptwache, vor allem das mit 100 Millionen errichtete Zentrum der Nordweststadt konnten endlich dem Betrieb übergeben werden. Vergessen war aller Streit, aller Krach, den vornehmlich das Millionen-U-Bahn-Unternehmen unter seinem damaligen Verkehrsdezernenten Walter Möller ausgelöst hatte. (Der tödlich verunglückte Oberbürgermeister Bockelmann hatte im Sommer 1963 noch den ersten Rammschlag für die U-Bahn vollzogen.).

Nun aber wurde gefeiert, drei Tage lang, mit einem Rummel ohnegleichen, mit Pauken und Trompeten, Bonbon-Kanonen schossen eine neue Zeit ein, die Feste der Kaiserkrönungen seien weit in den Schatten gestellt, behaupteten die Chronisten. Auf alle Fälle gab es Massenanstürme, Pulks von Prominenten mit Bundesverkehrsminister Georg Leber und Ministerpräsident Dr. Zinn an der Spitze. Zahlreiche Frankfurter erlebten damals die, noch dazu kostenlose, Jungfernfahrt unter ihrer Vaterstadt hinweg. Was so mancher dachte, drückte ein Original an der Hauptwache, von der Menge eingeengt, unmißverständlich aus: „Des hier gehd in de Geschicht' ein, un des Zentrum drausse in de Nordweststadt aach". Für Brundert bedeuteten diese Tage in der Tat einen Markstein in seiner Amtsperiode.

Der Start des U-Bahn-Baues wurde 1966 festlich begangen.
Links OB Brundert, Mitte Hessens Ministerpräsident
Dr. Georg-August Zinn, Ehrenbürger der Stadt,
rechts Walter Möller, damals noch Verkehrsdezernent der Stadt.

Die Entwicklung im Westend mit den sich dort vollziehenden Grundstückskäufen von Spekulanten, den wie Pilze aus dem Boden schießenden, dem früheren Charakter dieses Wohnviertels keineswegs angepaßten Hochbauten, die noch dazu angestammte Bewohner vertrieben, beschatteten die Arbeit des OB in jener Zeit außerordentlich. Diese Probleme brannten den Menschen auf den Nägeln. Die Diskussionen wollten nicht enden.

Angesichts der Fülle anstehender ungelöster schwieriger Fragen konnte sich Brundert wahrlich nicht seines Lebens freuen, zumal auch der Arbeitsanfall und der bis an den Rand gefüllte Terminkalender ihn schier erdrückten. Anstatt sich für längere Zeit einmal zu erholen, gestattete er sich nur Kurzurlaube zu Hause, streifte dann durch den Stadtwald, hielt Siesta im Garten. Doch auch während dieser Zeit daheim wurde er oft mit dienstlichen Anliegen konfrontiert. Die Beanspruchung zeitigte ihre Folgen.

Beim Neujahrsempfang der Stadt 1970 griff Brundert aus der Fülle für die Zukunft anstehender Aufgaben zwei Projekte besonders heraus: die Bebauung des Dom-Römer-Bereichs, eine Herzenssache für ihn, und die damals sehr aktuelle Debatte um die Opernhaus-Ruine, für die er von parlamentarischer Seite her Lösungsmöglichkeit sah.

Im Frühjahr 1970 ging dann alles, zumindest für die Öffentlichkeit, überraschend schnell. Der Oberbürgermeister erkrankte an einer Lungenentzündung, war im Rathaus nicht mehr präsent. Doch er war immer, auch vom Krankenbett aus, noch mit Vorschlägen an den Magistrat aktiv. Beispielsweise dem, als Ort der Begegnung für das ins Auge gefaßte zweite Treffen zwischen dem damaligen Bundeskanzler Brandt und dem Ministerpräsidenten der DDR, damals Stoph, Frankfurt vorzuschlagen. Oder er ließ zum Richtfest des Bezirksbades Bornheim wissen, daß er bei der Premiere Ende Mai den ersten Sprung ins Becken zu tun gedenke, – ein Termin, zu dem er schon nicht mehr am Leben war.

Nach Rückkehr von einem Kuraufenthalt in Baden-Baden fanden seine Mitarbeiter, er sei nicht sehr erholt, doch verknüpften wohl die wenigsten damit Sorgen um sein Leben. In seiner Familie dagegen hielt man den Atem an. Der Zustand gebe Anlaß zu großer Besorgnis, sickerte durch.

Das Wort „ungewiß" auf die Frage nach seiner Rückkehr an den Schreibtisch im Römer wurde dann sehr schnell durch ein „Nie" ersetzt. Am 7. Mai 1970 erlag Willi Brundert seinem schweren Leberleiden, am 12. Juni hätte er sein 58. Lebensjahr vollendet. Kurz zuvor noch war er auf weitere acht

Jahre zum Oberbürgermeister von Frankfurt wiedergewählt. Für die Bevölkerung jedenfalls kam sein Tod plötzlich und unerwartet.

Bürgermeister Dr. Fay, sein Vertreter während der Krankheit, sprach bei Bekanntgabe der Todesnachricht im Römer aus, was wir Journalisten empfunden hatten: „Er war uns allen ein guter Freund". Später sagte er von dem Verstorbenen, er habe sich in den letzten Jahren für diese Stadt aufgeopfert, obwohl er die Schwere seines Leidens kannte. Und wiederum übernahm Dr. Fay bis zur Amtseinführung des Nachfolgers die Zügel im Rathaus.

Wie sehr die Bürger Willi Brundert geschätzt haben, wurde an der Anteilnahme bei den Trauerfeierlichkeiten offenbar. Bis zum späten Abend nahmen alte und junge Frankfurter an dem in der Paulskirche aufgebahrten Sarg Abschied von ihm, Tausende trugen sich in die ausgelegten Kondolenzbücher ein, schlossen sich trotz heftigen Regens dem Trauergeleit bis zum Hauptfriedhof an.

Bei der Trauerfeier in der überfüllten Paulskirche fand Bundeskanzler Willy Brandt Worte für den Freund und Weggefährten, wie sie ihn nicht besser charakterisieren konnten: „Der Oberbürgermeister dieser Stadt, Professor Dr. Willi Brundert, ist von uns gegangen als großes Beispiel für die Aufrichtigkeit und Tatkraft eines Mannes, dessen ganzes Leben

Bürgermeister Dr. Wilhelm Fay und Frau Henriette
bei einem festlichen Empfang. Fay war „Vize-OB".
Oft mußte er während eines Interregiums einspringen.

103

dem Streben nach Freiheit, sozialer Gerechtigkeit und Frieden gewidmet war".

In der „Stadt seines Herzens", die Brundert nie mehr verlassen wollte, war zunächst der Schock groß. Wie sollte es weitergehen? Wer würde noch den Mut haben, an ihrer Spitze zu wirken?

So hatte der Verstorbene das Amt des Oberbürgermeisters in der Metropole des Rhein-Maingebietes in seiner Antrittsrede 1964 gesehen: „Es ergeben sich eine Vielzahl von Aufgaben, die allein mit den Mitteln der Ratio, nicht der Emotionen gelöst werden müssen". Nun gerade er, Frankfurts OB für sechs Jahre, war sicher nicht der Mensch, der eine wichtige Entscheidung von der Vernunft her treffen konnte, ohne nicht auch gleichzeitig gefühlsmäßig engagiert zu sein. Zudem konnte er auch schlecht abschalten und sich entspannen, ihn kostete alles zu viel Kraft.

Wenn ich zurückschaue, meine ich, daß es gerade Willi Brundert in der von ihm so geschätzten Stadt einfach auch an „fortune" gefehlt hat, fortune, das selbst der Tüchtigste braucht, um Erfolg zu haben.

Noch eines sehe ich in der Rückschau: damals waren Freundschaften „quer Beet" durch die Fraktionen weitaus geläufiger als heute. Wie herzlich und freundschaftlich war der Kontakt zwischen Willi Brundert, dem SPD-Oberbürgermeister, und Bürgermeister Dr. Wilhelm Fay, CDU.

# WALTER MÖLLER

Es dauerte nur wenige Wochen bis der Nachfolger des im Mai verstorbenen Vorgängers feststand. Es war Walter Möller, Jahrgang 1920, Stadtrat und Verkehrsdezernent in Frankfurt. Schon am 11. Juni 1970 wurde er zum neuen Stadtoberhaupt gewählt, bereits am 9. Juli 1970 trat er sein Amt an. Ihm zur Seite Bürgermeister Dr. Fay und Stadtkämmerer Rudi Sölch.

Möller, bekannt als kompromißloser Durchpauker seiner Ideen und von der Parteispitze favorisiert, schien Garant für einen nahtlosen Übergang zu sein. Schnellstens hatte man die Entscheidung gefällt, um nur keine Probleme aufkommen zu lassen.

Daß Möllers Amtszeit, berücksichtigt man die Wochen seiner Abwesenheit aus Krankheitsgründen, genau genommen nur nach Monaten, nicht nach Jahren zu bemessen sein würde, damit hatte wohl niemand bei seinem Debut im Römer gerechnet. Schließlich verkörperte er den Typ des energiegeladenen Machers, den nichts aus der Fassung bringen konnte. Er wirkte kühl und distanziert, zuweilen sogar abweisend. Im Vergleich zu Brundert schien er sehr wohl in der Lage, Ratio und Emotion säuberlich zu trennen.

Bevor er Chef im Römer wurde, lag schon ein langjähriges, zielstrebiges Arbeitspensum hinter ihm, – für die Stadt, gleichermaßen für seine Partei, die SPD. Als ihr Vorsitzender hatte er widerspruchslos auch das Sagen.

Mit Zähigkeit und Härte hatte er den Plan des U-Bahn-Baus durchgesetzt, zunächst ohne jede finanzielle Hilfe von Land und Bund. So war er zum „Vater der Frankfurter U-Bahn" geworden. Nie wäre ihm wohl der Gedanke gekommen, daß ihm eines garnicht so fernen Tages ausgerechnet seine Parteigenossen das Unternehmen U-Bahn als nicht sinnvoll ankreiden und in Frage stellen würden.

Als Möller im Oktober 1968 den ersten U-Bahn-Zug von der Hauptwache bis zur Nordweststadt über die Strecke fuhr, wird er von einem Gefühl der Genugtuung erfüllt gewesen sein. Dieser Tag stellte ja die Krönung eines langen mühevollen Unternehmens dar, – der erste Teilabschnitt war vollendet.

## In Frankfurt geboren

Bei diesem Wechsel der Chef-Position waren die Frankfurter also nicht gezwungen, sich einen Auswärtigen in den Römer zu holen. Der „neue Herr" an der Spitze des Gemeinwesens verfügte vielmehr über umfassende und gründliche Kenntnisse der Rathaus-Atmosphäre. Bereits seit 1948 gehörte er dem Plenum als Stadtverordneter der SPD an, war längere Zeit „Benjamin" seiner Fraktion, wenige Jahre später – 1953 – schon ihr Vorsitzender. Ende der 50er Jahre sah er sich als Vorsitzender des Sonderausschusses der Stadtverordneten für Verkehrsplanung. Als Magistratsmitglied und Verkehrsdezernent seit 1961 hatte er bereits mit Bockelmann und Brundert eng zusammengearbeitet.

„Wenn ich durch die Stadt gehe, stoße ich auf Vieles, an dessen Verwirklichung ich mitgearbeitet, mitgeplant habe", sagte Möller mir in einem Interview vor seiner Wahl zum Oberbürgermeister. Er war bekannt für sein starkes Engagement für seine Vaterstadt. „Vaterstadt", das stimmte. Als erster und bisher einziger Nachkriegs-Oberbürgermeister hatte Möller, wie es so poetisch heißt, in Frankfurt das Licht der Welt erblickt. Dennoch, in Aussprache und Diktion erinnerte nichts an ein „Frankfurter Kind", das in Bornheim geboren war. Eher an jemanden, der in seiner Jugend mit Berliner Pflaster vertraut wurde. In der Tat hatte der junge Möller einige Jahre in der ehemaligen Reichshauptstadt gelebt, dort auch einige Schuljahre verbracht. Ihm haftete das „schnelle Berliner Mundwerk" an, sodaß er geradezu zum anerkannten „Schnellstsprecher" unter den Stadtverordneten wurde. Doch hat Möller Frankfurt stets als seine Heimatstadt empfunden. Darum war es für den „Kriegsgefangenen Möller" bei seiner Entlassung durch die Amerikaner 1945 in Italien klar: er ging nach Frankfurt.

„Ich bleibe, wie ich bin", hatte Möller bei seiner Wahl zum OB wissen lassen. Und – wie war er? Ohne Zweifel ein verbissener Arbeiter, der konzequent sein Ziel ansteuerte, unpopulären Entscheidungen keineswegs auswich und Kompromisse mied. Rudi Arndt, der seine Nachfolge antrat, schrieb darüber: „Wir gehörten zu jener Zwischengeneration, die schon alt genug war, um Faschismus, Verfolgung, Krieg und Befeiung bewußt zu begreifen, die aber noch so jung war, um mit kritischem Elan an den Neubau der Demokratie herangehen zu können".

Die Tatsache, daß seine Partei ihn zum Nachfolger des plötzlich verstorbenen Oberbürgermeisters Brundert bestimmte, hatte Möller die Bestätigung seiner Arbeit gegeben. „Vor allem aber die Verpflichtung", unterstrich er.

Er wolle einen neuen OB-Typ verkörpern, bei dem an Stelle patriachalischer Würde und distingierter Repräsentanz des klassischen Stadtoberhauptes Dynamik und harter Arbeitswille des politischen Stadtmanagers trete, definierte er einmal. Überspitzt und mit leicht ironischem Unterton, den er des öfteren an sich hatte, meinte er ferner: Er wolle nicht hinter dem Schreibtisch sitzen und die goldene Amtskette putzen. Er wolle auch kein „Bilderbuch-

OB" sein. Auf keinen Fall aber auf „allen Hochzeiten tanzen". Nach Parties in glanzvoller Umgebung der Frankfurter Schickeria stand ihm nicht der Sinn. Er wünschte sich vielmehr bei denen zu sein, die die „Stadt repräsentieren", bei „einfachen Bürgern" nämlich. Sinnentleerte Repräsentation würde er gern zurückdrängen, erklärte er mir. Im übrigen fehltem ihm Neigung und auch Talent, sich auf Anhieb in der Öffentlichkeit beliebt zu machen. Er strahlte wenig Wärme und Herzlichkeit aus, Eigenschaften, die ihm der Kreis seiner engen Mitarbeiter doch nicht absprach.

Was er damals auch verkündete: Er würde sich nicht „verheizen" lassen. Womit er auf vorausgegangene Reibereien anspielte, Reibereien zwischen der SPD und dem Magistrat, die für Bockelmann wie für Brundert starke Belastungen bedeutet hatten. Jedenfalls legte er den Vorsitz im SPD-Unterbezirk sofort nieder, um das Klima zu verbessern.

### Der Autodidakt

Neu gegenüber den vorausgegangenen Oberbürgermeistern war ferner, daß mit Möller der erste Nicht-Jurist das höchste Amt im Rathaus übernahm. Ihm, dem Autodidakten auf dem OB-Sessel, hatte das Schicksal keine von der Familie gestützte Berufs-

109

ausbildung nach seiner Neigung vergönnt. „Es war immer ein Hürdenlauf zum Ziel". So offenbarte er im Gespräch. Nach dem Tod seines Vaters war die Mutter mit ihren vier Kindern zunächst in die Nähe von Hildesheim, später nach Berlin, schließlich zurück nach Frankfurt, gegangen. Entscheidend geprägt wurde Möller durch seinen Schwager, den späteren Bundestagsabgeordneten Georg Stierle, der, ein überzeugter Sozialdemokrat, wegen seiner politischen Haltung in der Nazizeit Zuchthaus und KZ hatte über sich ergehen lassen müssen. Er hatte dem auf Urlaub kommenden Soldaten Möller die Augen über die Machenschaften der Nazis geöffnet, versorgte ihn mit Literatur und legte so den Keim für die kritische Haltung des jungen Mannes.

Sehr bald war Möller der „demokratische Sozialist", als den er sich stets, auch während der Amtszeit als OB, bezeichnete. 1945, nach Kriegsende, war er, 26jährig, in die SPD eingetreten. Als junges Aushängeschild seiner Partei zog er sehr bald ins Stadtparlament ein, absolvierte den ersten Nachkriegslehrgang der Akademie und arbeitete dann als Journalist und Schriftsteller. Bevor er zum Leiter des Frankfurter Bundes für Volksbildung ernannt wurde, arbeitete er für den Hessischen Rundfunk, später für die damalige Zeitung der hessischen Sozialdemokraten.

OB Walter Möller in einer Stadtverordnetensitzung 1971

Reibungslos war die Wahl über die Bühne des Stadtverordnetensaales gegangen, prompt schritt darauf der Frischgekürte auf seine Frau Helga zu, um ihr einen herzhaften Kuß aufzudrücken. „Das hat zuvor noch kein Oberbürgermeister getan", vermerkten tags darauf einige Zeitungen. Den obligaten Umtrunk hinterher hatte Möller glattweg abgeschlagen, er mochte kein Aufhebens um seine Person. Zudem, so Möller, liege das Datum seiner Wahl nur einen Tag vor dem 58. Geburtstag des erst kürzlich verstorbenen Oberbürgermeisters.

Wenig später erzählte er in kleinem Kreis, seine Frau habe ihn gewarnt, das so umstrittene Amt zu übernehmen. Der Familienrat – seine Frau, sein Sohn Lutz und seine Tochter Helen – hatten inzwischen auch einträchtig entschieden, nicht in das eigens für die Oberbürgermeister angekaufte Haus auf dem Lerchesberg umzuziehen. Man wollte lieber an alter Adresse in der Nordweststadt bleiben, nichts an der gewohnten Umgebung ändern. Der OB-Sitz in Sachsenhausen wurde dann später von der Stadt wieder verkauft.

Der geradezu furchterregende „Konsum" an Nachkriegs-Oberbürgermeistern hatte selbstverständlich die Bevölkerung aufgerüttelt. So sprach am Tage der Amtseinführung, am 9. Juli 1970, quasi

die Stimme des Volkes aus dem Mund eines Obst-
händlers auf dem Paulsplatz: „Heut' wird wieder
einer zur Schlachtbank geführt". So drastisch
drückte er sich aus, als ich an ihm vorbei dem Römer
zusteuerte. „Das ist ein Himmelfahrts-Kommando",
hieß es allgemein.

### *Dürrenmatt – statt Goethe*

Frau Helga hatte ihren Mann bis ins Rathaus-Fo-
yer begleitet und ihm noch einmal herzlich „toi-toi-
toi" gewünscht. „Haben Sie ein wenig Herzklop-
fen?", fragte ich Möller im Lift. Erstaunt stellte er
die Gegenfrage. „Warum denn heute wohl?"
Schließlich lag ja die Wahl hinter ihm.

Der „Neue", im dunklen Anzug und mit der
schweren goldenen Amtskette um den Hals, ließ
sich, wie zu erwarten, nicht von Rührung übermann-
nen. Er meinte auch zugleich, der mit der Kette an-
getane Oberbürgermeister erfahre durch dieses Zeichen seiner Würde kaum eine Stärkung seiner Stellung. Zeitnah gab er sich in seiner Antrittsrede auch
bei Zitaten. Weder der „größte Sohn der Stadt,
Goethe" noch Frankfurts berühmtester Mundart-
poet, Friedrich Stoltze, wurden von ihm beschwo-
ren. Mit aktuellem Bezug bemühte er, der Belesene,
stattdessen zweimal den Dramatiker Dürrenmatt.
Wobei ein älterer Stadtverordneter sich den Zwi-

schenruf „Besuch der alten Dame" nicht verkneifen konnte, wohl um seinen Bildungsstand zu beweisen. Es gab Gelächter auf allen Bänken.

Frankfurts neues Stadtoberhaupt hielt nichts von Titeln. Er wollte schlicht „Herr Möller" angeredet werden. Bei Erörterung dieser ins Protokoll fallenden Frage verwies er auf einen gerade ergangenen Beschluß des Magistrats, die Beamten der Stadtverwaltung fürderhin lediglich mit Namen anzureden. Das sollte natürlich auch für den Magistrat und seine Mitglieder gelten. „Warum also mich nicht einfach mit „Herr Möller ansprechen?"

Als „Herr Möller" dann in sein Dienstzimmer im Römer einzog, in dem schon seine drei Vorgänger residiert hatten, war dort auch äußerlich eine deutliche Zäsur eingetreten. Auf sein Geheiß hatte man den Raum völlig verändert. Verschwunden war die gesamte alte Pracht, auch die konservative Holztäfelung in warmen Braun-Tönen, die nun mit weißen Plastikplatten verkleidet war. Ziemlich steril wirkte er nun in schwarz-weißem Kontrast mit silbernen Metallkugellampen. Gut und gern hätte es der Arbeitsraum eines Konzerngewaltigen, eines Managers, sein können. Wenn, wie es so oft heißt, die Umgebung eines Menschen mit dessen Wesen zu identifizieren sei, dann sagte diese neue Gestaltung gleich auf den ersten Blick etwas über Möller aus. Klare Formen, eine strenge Gliederung, kontrastierende Farbtöne dominierten.

Möller brachte auch die ihm seit Jahren vertrauten Mitarbeiter, seine Sekretärin und seinen Fahrer, mit in die neue Umgebung. Was für Emmy Beetz, die bisherige langjährige Chef-Sekretärin, nach 25 Jahren Dienst im OB-Vorzimmer Abschied aus dem Rathaus bedeutete, ein Entschluß, der jedoch ihr völliges Einverständnis hatte. Ein halbes Jahr blieb sie noch an ihrem Platz, um ihrer Nachfolgerin das Einarbeiten zu erleichtern.

Zahlreiche Wünsche aus der Bevölkerung zur Wahl sahen den Binnenländer Möller aparterweise als Steuermann: Er solle „geraden Kurs" steuern, das Steuer fest in der Hand halten, sich nicht den Wind aus den Segeln nehmen lassen, niemals Schiffbruch erleiden. Bei der kurz darauf erfolgten Ernennung von Knud Müller zum Polizeipräsidenten schrieben ihm humorvolle Jugendliche: „Für Frankfurts Killer, nahm der Möller Müller".

Als der frischgebackene OB bald nach der Amtsübernahme einmal ins Polizeipräsidium fuhr und mit seinem Wagen ohne städtische Nummer das Einfahrtstor passieren wollte, wurde er prompt vom Pförtner angehalten. „Was wollen Sie hier?", fragte dieser. „Ich bin Möller", sagte der OB und beugte sich aus dem Fahrzeug. Sein Fahrer fügte hinzu „der Oberbürgermeister". Lapidar bemerkte darauf der Zerberus: „Dann müßten Sie einen schwarzen Dienstwagen haben". Schließlich wollte er ja nicht so handeln wie sintemalen der Türhüter des Rathauses in Köpenick, der einen falschen Hauptmann ohne weiteres eingelassen hatte. Ein Bediensteter, der Möller kannte, klärte die Situation.

Walter Möller sah sich auf dem Stuhl des Oberbürgermeisters in erster Linie als Sachwalter aller Frankfurter. Zunächst einmal hielt ihn die Problematik im Westend mit dem ständig stärker werdenden Druck und Widerstand gegen Spekulanten und Mietervertreibungen in Atem. Es galt, dort möglichst schnell wieder klare Verhältnisse zu bekommen.

Ein richtiges Arbeitspferd sei er gewesen, sagen heute noch ehemalige Mitarbeiter von ihm, mit Volldampf sei er ans Werk gegangen, Konzepte blieben nie auf der langen Bank liegen. Als hätte er gewußt, daß ihm nicht viel Zeit bliebe, stürzte er sich in die Aufgabe, packte wichtige kommunalpolitische Probleme an, die weit in die Zukunft griffen. Ihn bedrückten die negativen Begleiterscheinungen des Stadtwachstums. So entwickelte er den Plan einer Regionalstadt, den „Möller-Plan". Seine Forderung gipfelte darin, alte überholte Verwaltungsordnungen und -grenzen durch eine Neugliederung nach zeitgerechten Maßstäben zu ersetzen. Von seinen politischen Gegnern schlug ihm zu diesen Plänen viel Skepsis entgegen. Mit subtiler Ironie nannten sie seine Vorstellungen „irrational" oder „Utopien". Wenn die Diskussionswogen im Plenum hochschlugen, fanden sie für den OB Namen wie z. B. „revolutionärer Schwärmer". Das gerade wollte Möller jedoch partout nicht sein. Ihn reizte es, Sichtbares zu schaffen, er wollte Gestalter sein. Das war sein Konzept. Ihm lag der Gedanke der „menschlichen Stadt" am Herzen – mit Erholungsgebieten, Sportzentren, weitläufigen Fußgängerzonen und einer pulsierenden Mitte.

Schon immer hatte sich der Realist für science-fiction-Literatur interessiert. So zeichnete er eines Tages in einem Zeitungsartikel das Bild einer zukünftigen Stadt im Rhein-Main-Gebiet, die in den 70er Jahren „menschlich gestaltet werde. Wie können und wie wollen wir in den nächsten Jahrzehnten, im Jahr 2000 etwa, innerhalb der Verdichtungsgebiete leben? Diese Frage stellt Möller zur Diskussion.

Im Rahmen seiner Vorstellungen sah er die Notwendigkeit neuer kultureller Initiativen mit vielfältigsten Möglichkeiten für alle Schichten der Bevölkerung. Hilmar Hoffmann war für ihn der geeignete Mann, sie zu realisieren, er würde nach seiner Meinung im musischen Bereich zahlreiche Aktivitäten ins Leben rufen.

„Du bist mein Mann", hatte er beim ersten Kennenlernen zu dem dann am 15. Oktober 1970 im Plenum gewählten neuen Kulturdezernenten Hilmar Hoffmann gesagt (Nach 20 Jahren Stadtratsbürde war Kulturdezernent Dr. Karl vom Rath zuvor aus Gesundheitsgründen ausgeschieden).

Im September hatte die SPD-Fraktion einen Besuch Düsseldorfs arrangiert, zu dem auch Journalisten eingeladen waren. Möller war mit von der Partie. Bei der gemeinsamen Besichtigung der rheinischen Metropole war er auf einmal verschwunden. Die Frankfurter entdeckten ihn später in einem Gartenlokal der Düsseldorfer Altstadt, in ein Gespräch mit einem Fremden vertieft. Es war Hilmar Hoffmann, der sich um den Posten des Kulturdezernenten in der an sich als amusisch verrufenen Stadt Frankfurt beworben hatte. Möller benutzte nun die Gelegenheit, mit ihm auf neutralem Boden Kontakt aufzunehmen. Wenn man Hilmar Hoffmann später auf diese Begegnung ansprach, bestätigte er spontan, mit Möller sehr bald einig gewesen zu sein.

Schon in seiner Antrittsrede hatte sich Möller übrigens für den jahrelang umstrittenen Wiederaufbau der Opernhausruine bekannt. Fritz Dietz, Vorsitzender der von ihm ins Leben gerufenen „Aktionsgemeinschaft Opernhaus", weiß zu berichten,

118

daß Möller eines Tages ganz unerwartet bei ihm angerufen und seinen Besuch angekündigt habe. „Ich möchte, daß Sie wissen, – ich bin uneingeschränkt für den Wiederaufbau des Opernhauses, ich gebe Ihnen „grünes Licht". So seine Worte bei dem Besuch. Für Fritz Dietz, politisch gewiß nicht auf Möllers Seite einzuordnen, war dies das erste klare Wort eines Oberbürgermeisters seit er sich für das Wiedererstehen des ausgebrannten Bauwerks, als 'schönste Ruine Frankfurts' apostrophiert, eingesetzt hatte. Dietz: „Mir hat das sehr imponiert".

Manch einer, auf Möller angesprochen, rühmt heute noch seine stets klare Aussage. Sein „Ja" war ein „Ja", daran sei nicht zu rütteln gewesen. Oder er habe nach kurzem Nachdenken erklärt: „Da kann nichts draus werden". Wobei er zuweilen, um das strikte Nein abzumildern, seinem Gegenüber leicht zugelächelt habe. Noch etwas fanden viele erstaunlich: Er habe den Mut gehabt, einen früher gefaßten Standpunkt rückhaltlos aufzugeben, wenn er später zu einer anderen Erkenntnis gekommen sei. Als bestes Beispiel dafür kann die U-Bahn gelten. Zunächst nämlich war Möller, als die Diskussionen um ein modernes Massenverkehrsmittel begannen, ein starker Befürworter der Alweg-Bahn. Dann korrigierte er sich und setzte sich für die U-Bahn ein. Noch jetzt spricht der langjährige Leiter des Stadtbahnbauamtes, Dipl. Ing. Herbert Spiess, von der reibungslosen Zusammenarbeit mit Möller. Für ihn habe er die geballte Willenskraft verkörpert. „Sie sind für die Technik verantwortlich, das andere mache ich", habe er immer gesagt.

Der „Insider", der die Verwaltung aus dem Eff-Eff kannte und über umfangreiche Detailkenntnisse in verschiedensten Bereichen verfügte, soll in internen Magistratssitzungen absolut kein bequemer Gesprächspartner gewesen sein. Vage Formulierungen oder fadenscheinige Argumente haßte er. „Tiefseeforscher" wurde er hier und da ob dieser Gründlichkeit genannt. Wegen des unbequemen Fragers sei ganz gern einmal jemand der Sitzung ferngeblieben. Ich hatte schon den „Fraktionsvorsitzenden der SPD", Möller erlebt, der seinen Gegner in Debatten forsch und schneidig abblitzen ließ.

In Erinnerung sieht ein Rathaus-Beamter den jungen Stadtverordneten Möller noch vor sich: Wenn er zu Sitzungsbeginn erst einmal in eine Jackentasche faßte und eine Packung seiner Lieblingszugaretten hervorholte, aus der anderen dann Schokolinsen, die er gerne mochte. „Das war wie das Amen in der Kirche".

Unter starken Beschuß geriet Möller, als es in der Eschenheimer Landstraße an den U-Bahn-Bau ging. Die Bäume mußten fallen, zudem wurde die Straße wegen der teils oberirdisch verlaufenden U-Bahn-Trasse in zwei, nun nicht mehr kommunikations-

Walter Möller bei der Jungfernfahrt der U-Bahn (1968).
Er fuhr den ersten Zug über die Strecke.

fähige Seiten gespalten. Er habe die schöne Straße massakriert, murrten die Frankfurter. Bald war dann von „möllern" die Rede, wenn irgendwo in der Stadt ein Baum aus Verkehrsgründen fallen mußte. „Ein neues Wort geht durch die Stadt", bemerkte dazu ein Glossist. –

Einmal fragte ich ihn: „Was ist für den Menschen Walter Möller im privaten Bereich wichtig?" Die Antwort kam prompt: „In erster Linie die Familie. Sie funktioniert. Sie lebt in einträchtiger Harmonie". Der andere Quell, aus dem Möller schöpfte, war sein Freundeskreis. Jahrelang verbrachte die Familie Möller mit Freund Ewald Geissler und dessen Frau Urlaubswochen an der jugoslawischen Küste. Nicht in der unpersönlichen Atmosphäre eines Hotels, vielmehr in direktem Kontakt mit einer kleinen dörflichen Gemeinde am Meer. Möller war dann ein passionierter Hobby-Taucher. Auch in Frankfurt versuchte er, sich durch tägliches Schwimmen fit zu halten.

Und er liebte Musik, spielte „zur Entspannung und Erbauung" so seine Worte, einfache Melodien auf der Gitarre. Und er tanzte gern und gut. Auf einer Dampferfahrt mit der Presse ließ er keinen Tanz aus, ganau wie OB Brundert das bei den damals obligaten Dampferfahrten der SPD getan hatte.

Zeit vertrödeln gab es nicht. Selbst die Treppe zu seinem Dienstzimmer wurde im Sturmlauf genommen. Einmal meinte ein Rathaus-Bediensteter, der auch gerade die ersten Stufen bewältigte, er solle sich doch nicht so abhetzen. Die Antwort Möllers, die, wie fast immer bei solchen Gelegenheiten, scherzhaft ausfiel: „Sie brauchen sich ja nicht zu eilen, Sie sind ja ein Laufbahnbeamter".

Bestimmt freute es ihn, wenn Menschen, mit denen er zusammentraf und zusammenarbeitete, sich nach einiger Zeit ein ganz anderes Bild von ihm machten als nach dem ersten Eindruck, der Kühle und Distanz vermittelte. Wir Journalisten haben oft – neben seiner Sachlichkeit – seine Herzlichkeit und seinen Humor erlebt.

Mittlerweile war der zweite Samstag im Mai 1971 mit der Eröffnung des neuen Eschersheimer Freibades herangekommen, ein kalter Frühlingstag, der keine Lust zum Schwimmen aufkommen ließ. Zur Premiere aber war ein Wettschwimmen zwischen dem OB, dem Sportdezernenten, Professor Dr. Peter Rhein, und den Stadtverordneten Lang, Friedrich und Schmidt angesetzt. „Der Mai ist gekommen, die Bäder machen auf", hatte der Oberbürgermeister, Feind langer Reden, wenn es die Notwendigkeit nicht gebot, gerufen und zum Start aufgefordert. Kurz zuvor hatte er sich mir, der nahe am Beckenrand stehenden Berichterstatterin, zugewandt und scherzhaft gefragt, ob ich es nicht auch zu kalt für ein Schwimmunternehmen fände. Meine Umgebung wie auch ich ermunterten ihn aber dazu, mit Hinweis auf seine anerkannte Sportlichkeit. Da tauchte er in die Flut, schwamm eine Strecke, brach jedoch sehr bald ab und entstieg dem Becken.

Am Montag darauf hieß es dann zu früher Stunde, der OB habe am Sonntag einen Herzinfarkt erlitten, er sei ins Nordwestkrankenhaus eingeliefert worden. Die Arbeitslast über Jahrzehnte hatte gravierende Folgen gezeitigt. Für viele galt Möller als der Inbegriff von Kraft und Vitalität, dem die Bürde des Amtes nichts anzuhaben schien. Umsomehr verstärkte sich nun die Erkenntnis, wie kräftverzehrend der Posten, Oberhaupt einer Großstadt wie Frankfurt zu sein, in Wahrheit sei. Wie steinig der Weg, den Aufgaben für die Bevölkerung gerecht zu werden.

An jenem Montag-Vormittag war in der Wandelhalle des Römers die Enthüllung des Brundert-Porträts angesetzt. Tief betroffen von der Tragik nahm der Kreis um die erschienene Familie Brundert die Nachricht von Möllers Herzinfarkt zur Kenntnis, die der damalige Stadtverordnetenvorsteher, Willi Reiss, bleich und verstört, überbrachte. Beinah auf den Tag genau ein Jahr nach Willi Brunderts Tod zeigten sich nun bei seinem Nachfolger auch bereits Signale, die auf Überlastung zurückzuführen waren.

Schien das Amt des Stadtoberhauptes nicht wirklich zum Verhängnis für seine Inhaber zu werden?

Im Rathaus wurde jetzt die Parole „Tempo verlangsamen" ausgegeben. Möller sollte künftig seine Kräfte so rationell wie möglich einsetzen, ihm müsse manche Arbeit abgenommen werden, hieß es. Wer Möller kannte, wußte allerdings, daß diese schöne Absicht sich schwer würde realisieren lassen. Auch Möller hatte, wie mancher Vorgänger kein Talent, Arbeit zu delegieren, er galt als ausgesprochenes Arbeitspferd. Jedenfalls mußte Bürgermeister Dr. Fay wieder einmal die Amtsgeschäfte übernehmen.

Knapp zehn Tage nach dem Zusammenbruch berichtete der langjährige Freund, Ewald Geissler, nach einem Besuch am Krankenbett, Möller sehe großartig aus und befinde sich in einem guten Zustand. Als Berichterstatterin machte ich ihm Ende Mai einen Besuch und fand einen Patienten vor, der schon wieder über wichtige, ihn bewegende Dinge mit Freunden sprechen durfte. Auf jeden Fall wollte er auch im Krankenbett über das Geschehen in der Stadt informiert sein. Überdies las er viel, griff gern zu utopischen Romanen, einer seit langem als Ausgleich zur Schreibtischarbeit bevorzugten Lektüre. Mehrere Wochen Bettruhe waren ihm verordnet, dann die obligate Kur und – vor allem – Geduld. Dieser Ratschlag der Ärzte war sicher für den so aktiven Patienten besonders schwer zu befolgen.

Nach Beendigung seiner Kur in Bad Orb machte der Genesene noch eine Stippvisite im Römer, bevor es zu einem Erholungsurlaub in den Bayrischen Wald ging. „Zum Akklimatisieren, damit die Witterung für die Dinge nicht verlorengeht", scherzte er schon wieder. Und dann noch ein Informationsgespräch mit den Kollegen.

*„Der letzte Akt ist eingeläutet."*

Schon früher als offiziell angekündigt, saß Möller Anfang September wieder an seinem Schreibtisch im Römer. Bei einem Interview, zu dem er sich bereit erklärt hatte, erschien er mir trotz Bräune und Gewichtsverlust, nicht mehr von solcher Spannkraft wie früher. In seinen Augen lag tiefer Ernst. „Ich brauche einen neuen Schneider", sagte er, auf seine überschlanke Linie deutend. Noch war er von dem Gedanken beseelt, sich Entlastung zu verschaffen und die Arbeitslast auf ein erträgliches Maß herabzuschrauben. Dennoch hatte er bereits an seinem Erholungsort verschiedene Verhandlungen geführt. „Weil man, wenn man wichtige Fragen vor sich hinschiebt, davon zu träumen anfängt". Diese Äußerung war typisch für den garadezu von innerer Unrast Besessenen.

Mit Bedenken und einem ungguten Gefühl verließ ich ihn, sprach darüber auch im Vorzimmer mit seinen Sekretärinnen, Frau Zibner und Frau Fuchs, die meine Ansicht teilten. Später, in der Redaktion, äußerte ich mich meinem damaligen Chef, Hans-Jürgen Hoyer, gegenüber unmißverständlich pessimistisch. „Der letzte Akt ist eingeläutet", so ähnlich drückte ich mich aus.

Ein kleiner Schwächeanfall, als der wiederhergestellte OB kurz darauf vor dem Plenum den kommunalpolitischen Situationsbericht unterbrechen mußte, war sicher auch ein Alarmzeichen. Möller hatte sich nicht lange genug Erholung gegönnt.

Ein Rathaus voller Ratlosigkeit mit niedergeschlagenen Menschen, Trauer und Betroffenheit allenthalben, – diese Szene bot sich dann bei der Sondersitzung am Donnerstag nach Bußtag, am 18. November. Am Dienstagabend, am 16. November 1971 war Möller einem Herzschlag erlegen. Auf seinem leeren Platz am ovalen Tisch des Magistratssitzungssaals lagen rote und weiße Nelken.

Auf der Rückfahrt von einem Besuch beim damaligen Finanzminister Rudi Arndt in Wiesbaden hatte ihn im Auto das Schicksal ereilt. Ganz schnell war es gegangen. Seine Frau und sein Fahrer hatten ihn noch ins Krankenhaus gefahren, wo jedoch nur sein Tod festgestellt werden konnte.

Rudi Arndt, der darauf Oberbürgermeister von Frankfurt wurde, war der letzte, dem Möller die Hand gegeben hatte. Wieder ein Omen für alle jenen, die von Zufällen solcher Art nichts wissen wollen und solche Begebenheiten dann mit schicksalhaften Deutungen versehen. Im übrigen existiert auch von den beiden ein Foto aus dem April 1969, das bei einem Treffen der SPD in Bad Godesberg entstand, als beide noch nicht ahnen konnten, einmal Frankfurts Stadtoberhaupt zu werden.

Munter und aufgeräumt sei Möller an diesem seinem letzten Abend gewesen, hieß es später, – er, der den Kollegen in den letzten Wochen allzu schmal und etwas gedrückt erschien. Seine engere Umgebung im Rathaus hatte auch bemerkt, daß er in der letzten Zeit des öfteren einmal von seinem Schreibtischstuhl aufgestanden war, um Luft zu schnappen oder ein Medikament zu nehmen.

„Wer seinen Terminplan kannte, ahnte, daß so etwas kommen mußte". So die Worte von Bürgermeister Dr. Fay, jetzt wieder rechtmäßiger Vertreter des Oberbürgermeisters. Trotz aller Warnungen hatte Möller, aus dem Gefühl heraus, daß sein Leben so sein müsse, weitergemacht. Ratschläge seiner engsten Freunde und Mitarbeiter mit Worten „Tu langsam" konnte er nicht befolgen, weil sie seinem von Aktivität und Dynamik geprägtem Wesen zuwider waren, – er mußte sich selbst treu bleiben.

In den Amtsstuben des Rathauses, in der Umgebung, in der gesamten Bevölkerung herrschte Trauer, Verwirrung, Ratlosigkeit. Niemand wußte, wie es weitergehen solle.

Vom tragischen Tod Möllers war auch die Stadtverordnetensitzung überschattet, die turnusmäßig auf diesen „Donnerstag voller Trauer" fiel. Willi Reiss, der Vorsitzende, sprach Worte des Gedenkens für Möller, zugleich auch für den am 22. Oktober 1971 gestorbenen verdienstvollen Bürgermeister Dr. Walter Leiske. Daß auch in dieser Stunde die Wahl des neuen Baudezernenten termingemäß anstand, wurde von diesem, Stadtrat Hanns Adrian, als betrüblicher Auftakt empfunden. Er hatte noch kurz zuvor mit Möller einige sehr positive Gespräche geführt, der auch versprochen hatte, ihn politisch abzudecken. Der Vorgänger, Dr. Hans Kampffmeyer, hatte vorher seinen Dienst quittiert.

Walter Möller hatte gewünscht, daß für die Trauerfeier in der Paulskirche nicht etwa Platzkarten ausgegeben werden sollten, wie es bei anderer Gelegenheit geschehen war. Stattdessen sollten alle kommen, die ihn mochten. Auch der Wunsch seiner Familie und engsten Freunde wurde geachtet, statt der Kränze und Blumen Geldspenden an „Amnesty International" zu überweisen.

Im trüben Licht eines naßkalten, Melancholie weckenden Novembertages zogen Rappen den Katafalk mit der Fahne Frankfurts von der Paulskirche über die Hauptwache, dann entlang der ersten U-Bahn-Strecke. Damit sollte dem toten Oberbürgermeister Walter Möller als dem „Vater der Frankfurter U-Bahn" eine besondere Reverenz erwiesen werden.

Zuvor, bei der Trauerfeier in der Paulskirche, hatten Bürgermeister Dr. Fay, Stadtverordnetenvorsteher Willi Reiss, der damalige Bundeskanzler Willy Brandt, mit dem Hubschrauber aus Bonn angeflogen, schließlich auch Dr. Walter Hesselbach für die Freunde, den Toten und sein in die Zukunft wirkendes Werk mit ergreifenden Worten gewürdigt. Walter Möller war übrigens der erste Oberbürgermeister, der – nach seinem Willen – eingeäschert wurde. Wie seinen Vorgängern stellte die Stadt ihm ein Ehrengrab auf dem Hauptfriedhof.

Auch von diesem Oberbürgermeister, dem vierten, nach dem Kriege gewählten, dem vom Schicksal nur eine kurze Amtszeit vergönnt war, hängt inzwischen ein Porträt in der Wandelhalle vor dem Magistratssitzungssaal. Es stammt von dem Frankfurter Maler Ferry Ahrlé und zeigt Möller in einer so lebensnahen Haltung, daß man glauben möchte, ihn auf einmal wieder vor sich zu sehen. „Das ist Möller, wie wir ihn gekannt haben", versicherte sein Freund

Möllers Porträt in der Wandelhalle des Römers.
Gemalt 1975 von Ferry Ahrlé.

Geissler nach der Enthüllung am Tag von Möllers 55. Geburtstag, am 7. April 1975. Zahlreiche Freunde schlossen sich dieser Meinung an.

Frankfurt hatte mit seinem Oberbürgermeister Möller einen „ersten Mann" verloren, der in späteren Lebensjahren bestimmt noch eine Reihe in die Zukunft weisender Leistungen vollbracht hätte, – das ist gewiß.

# RUDI ARNDT

Selten in meinem Leben habe ich meiner Leiden-
schaft für Kuchen so frönen können wie beim
50. Geburtstag von Oberbürgermeister Rudi Arndt,
am 1. März 1977. Er hatte alle Frankfurter, die ihm
zu diesem Anlaß etwas schenken wollten, um Selbst-
gebackenes gebeten. Nun brachen die langen Tische
in den Wandelhallen des Römer förmlich vor lauter
Torten und anderem Gebäck. Alles Zeichen für die
Popularität des Stadtoberhauptes mit den unsäglich
vielen Spitznamen – Dynamit-Rudi, Rallye-Rudi,
Stadt-Sheriff, Dickhäuter, Schlappmaul, Vollblut-
politiker und viele mehr. Jubel, Trubel, Heiterkeit
herrschte an diesem Tag im Rathaus. Gedränge und
Geschiebe allenthalben, ungezählte Bitten um ein
Autogramm. Dazu offizielle Glückwünsche von
Willy Brandt, inzwischen Ex-Bundeskanzler, der als
väterlicher Freund den Jubilar einen „Anreger"
nannte, der „fruchtbare Unruhe" stifte. Rudi gab
sich euphorisch, all die guten Wünsche könnten für
hundert Jahre ausreichen, meinte er. Wie ein Poten-
tat wurde er gefeiert, er war der „Größte".

Umso größer war der Sturz des Sieggewohnten
und von Erfolg Verwöhnten aus dieser Höhe, genau
20 Tage danach, am Tag der hessischen Kommunalwahlen. Rudi, vom Fortune verlassen, hatte eine
glatte Bauchlandung vollzogen, er war abgewählt.

Ein in Frankfurt bisher Unbekannter, ein – nach Frankfurter Mundart – „aus Hessen Hergeloffener", hatte ihn entmachtet, vom Thron gestoßen, unfaßbar, aber wahr. Bleich, mit leerem Blick, saß er, umgeben von Parteifreunden in dieser Wahlnacht an seinem Schreibtisch, nahezu versteinert. Es ging ihn hart an, das war zu sehen. Um ihn herum Ratlosigkeit und viel weinende Weiblichkeit.

Schon als am frühen Abend die ersten hessischen Wahlergebnisse bekannt wurden und den neuen Trend aufzeigten, sei ihm klar geworden, auch in Frankfurt werde die Wahl verloren, sagte der erfahrene Politiker leise vor sich hin. Eine politische Lawine mit dem K.O. für die SPD war zu Tal gegangen.

Noch in dieser Nacht entschied sich der sonst so robuste Kämpfer, dessen Leben von Jugend an von Politik bestimmt war, zum vorzeitigen Rücktritt. Normalerweise wäre seine Amtsperiode bis zum 1. April 1978 gelaufen. Er aber nahm seinen Hut, weil es nur so – gemäß der Hessischen Gemeindeverordnung – möglich war, ein kommunales Mandat anzunehmen und als Oppositionsführer seiner Partei tätig zu sein. Der Magistrat nahm seinen Antrag an, ihn vor Ablauf der Amtsgeschäfte zu entlassen.

Frankfurt hatte nun von einem Tag zum anderen seinen OB durch Verzicht verloren. Daß die Fahnen vom Römerbalkon einen Tag danach auf Halbmast gesetzt waren, hatte, wie manch naive Gemüter glaubten, nichts mit der Wahl beziehungsweise der Abwahl zu tun. Frankfurt gedachte in diesen Tagen, wie immer, seiner Bombenopfer.

Nach Überwindung des ersten Schocks räumte der geschlagene Matador nach dem Wahl-Fiasko seiner Partei schon Anfang April 1977, schweren Herzens zwar, den amtseigenen Schreibtisch, steckte das darüber baumelnde Maskottchen, ein Nilpferd aus Stoff, wie auch ein Paar Mini-Box-Handschuhe (ein Präsent von Ulla Illing, der verstorbenen Leiterin des Seminars für Politik) in die Tasche. Und schwang sich sogleich zu der optimistischen Prognose auf, einmal wieder an diesen Platz zurückzukommen. Vom Abschied sollte daher kein Aufhebens gemacht werden. Arndt kehrte nun dorthin zurück, wo er als Student angefangen hatte, ins Stadtparlament.

Durch seinen vorzeitigen Rücktritt verzichtete Rudi Arndt auf alle Pensionsansprüche gegenüber der Stadt, wohl aber stand ihm die Pension aus seiner vorherigen Tätigkeit als Finanzminister zu. „Keine Sorgen um meine materielle Zukunft", tönte er, er werde nicht verhungern. Und: „Ich war der preiswerteste OB, den Frankfurt je hatte".

Frankfurts SPD gefiel sich darin, in Windeseile die „Verdrossenheit der Stammwähler" für die vernichtende Niederlage verantwortlich zu machen. Die Kommunalpolitik in Frankfurt habe so gut wie keine Rolle gespielt, verniedlichte mancher SPD-Mann. Doch mußte sich die Partei schließlich eingestehen, daß die Stunde der Wahrheit gekommen war. Verbale Kraftakte nützten nichts mehr. Die Bevölkerung hatte der SPD ganz einfach einen Denkzettel für die Schönfärberei ihrer Bosse erteilt, vor allem für die Vielzahl undurchsichtiger Aktionen, als da waren, die Spendenaffaire, der Helaba-Skandal, die Verfilzungserscheinungen innerhalb der Partei, Hochmut und Arroganz der Parteimächtigen. Die Vertrauenslücke war zu groß geworden. Also hatte der aufgestaute Unwille so manch einen Bürger bewogen, der SPD die Treue aufzukündigen. Nach jahrzehntelanger „Regierungszeit" hatte die Partei in Frankfurt abgewirtschaftet.

### Frankfurt „zog" ihn nicht

Um der Wahrheit willen muß gesagt werden, daß sich Rudi Arndt keineswegs danach gedrängt hatte, Oberbürgermeister von Frankfurt zu werden. Im Gegenteil. Warum wohl auch? Schließlich hatte er zu dieser Zeit schon eine steile Karriere in der Landeshauptstadt, übrigens seiner Geburtsstadt, hinter sich. Schon als Dreißigjähriger war der damalige Referendar als Walter Kolbs Nachfolger in den hessischen Landtag gekommen, war einige Jahre danach zum Vorsitzenden der Landtagsfraktion der SPD gewählt, dann als Minister für Wirtschaft ins Kabinett eingezogen, schließlich Finanzminister geworden. Er genoß Ansehen, hatte seinen Freundeskreis. So gut wie sicher dürfte überdies sein, daß der erst 44jährige auch noch nicht an der Endstation seiner Laufbahn angelangt war, – ihm wurden damals Chancen eingeräumt, eines Tages Ministerpräsident des Landes zu werden. Oder in Bonn Karriere zu machen.

In Frankfurt jedoch, wo die SPD führerlos geworden war, rief man hilfesuchend nach einem Mann an der Spitze, der über Energie, Kampfgeist und Sachverstand verfüge und so imstande sei, die Partei wieder auf Vordermann zu bringen. Und nicht zuletzt natürlich einen energischen, kompetenten Oberbürgermeister abzugeben. So kam es, daß Rudi Arndt sehr bald als Nachfolger Möllers im Rathaus genannt wurde.

Unmißverständlich jedoch winkte Arndt ab, trotz vieler Bindungen an Frankfurt. Als Kind schon war er ja nach Frankfurt gekommen, in die Stadt seiner Familie, die von jeher mit der SPD verbunden war. Rudi hatte hier die Schule besucht, sein Studium (Jura, Staatswissenschaften und Volkswirtschaft) absolviert, sprach als „echter Frankfurter" natürlich perfekt Frankfurterisch. Dennoch, er „zog" nicht.

Schon in Bonn hatten Parteigenossen ihn darauf angesprochen, sich als OB-Kandidat in Frankfurt zur Verfügung zu stellen. Sogar Willy Brandt, damals noch Bundeskanzler, hatte auf ihn eingewirkt, – und in Frankfurt vornehmlich der damalige ehrenamtliche Stadtrat Dr. Walter Hesselbach, damals zugleich Vorsitzender des Vorstandes der Bank für Gemeinwirtschaft. „Sie haben mich weich gemacht", – in diesem Sinne äußerte sich Rudi Arndt später oft unter Freunden. So beugte sich der Politiker der Parteidisziplin. Vielleicht mag allmählich auch eine Bereitschaft mitgespielt haben, das Amt zu übernehmen, etwa aus Eitelkeit oder Stolz, in der Stadt seiner Väter an der Spitze zu stehen. Nach außen hin murrte er noch, verkündete, jeder, der bei der Wahl gegen ihn stimmen werde, stimme in Wahrheit für ihn.

Nach Arndts Entscheidung frohlockten die Königsmacher, manch einem Genossen mag sicher ein Stein vom Herzen gefallen sein. Ein neuer Oberbürgermeister war gefunden, wahrlich ein Grund, um vor Freude in die Hände zu klatschen, wenn man schon nicht, wie bei Papstwahlen, eine weiße Rauchfahne aus dem Römer emporsteigen lassen konnte.

Der Tag der Wahl war gekommen, es war der 16. Dezember 1971, genau vier Wochen nach Möllers Tod. Prominente Landes-Politiker waren zur Stelle, als Arndt mit markiger Stimme das „Ja, ich nehme die Wahl an" vernehmen ließ. Mit 57 gegen 18 Stimmen war er auf sechs Jahre zum Stadtoberhaupt gewählt. Daraus ging klar hervor, daß auch Stadtverordnete der beiden anderen im Rathaus vertretenden Fraktionen, CDU und FDP, fußend auf der seit 26 Jahren bestehenden Römerkoalition, dem SPD-Mann Arndt ihre Stimme gegeben hatten. Das bedeutete, sie hatten voller Vertrauen einen Wechsel auf die Zukunft ausgestellt. Würde das die Mehrheitspartei SPD honorieren? Umgehend schon sollte sie Gelegenheit haben, Farbe zu bekennen und durch ihre Stimmabgabe zu beweisen, ob Zusammenarbeit oder Konfrontation die künftige Römer-Politik bestimmen werde. Denn zugleich stand nämlich auch die Wiederwahl von Bürgermeister Dr. Wilhelm Fay, Vize-OB in Krisenzeiten, an. Doch der Wechsel war schon geplatzt, noch ehe Rudi Arndt Anfang April 1972 sein Amt antrat. In einer Sondersitzung hatte sich die SPD gegen diese Wiederwahl ausgesprochen, stattdessen einen SPD-Mann, Rudi Sölch, zum Bürgermeister gewählt. Auch die Wiederwahl von Stadtrat Karl Bachmann, CDU, war nicht erfolgt. Rudi Arndt trug diese Koalitions-Aufkündigung einen neuen Spitznamen ein, den des „Koalitions-Killers", ob zu Recht oder Unrecht, bleibt dahingestellt.

## „Dynamit-Rudi"

Mit Skepsis, doch auch mit Zustimmung, reagierte die Bevölkerung auf die Wahl Rudi Arndts. Den sogenannten „alten Frankfurtern" mit ihrem ungemeinen Stolz auf ihre Heimat hatte es wenig respektierlich geklungen, daß es jemand nicht als ausgesprochene Ehre betrachte, zum Lenker der vaterstädtischen Geschicke berufen zu werden. Andere mißtrauten dem „Dynamit-Rudi", der einmal empfohlen hatte, die „schönste Ruine der Stadt", die alte Oper, in die Luft zu sprengen. Dabei hat Rudi Arndt später immer wieder betont, der Nachsatz zu dieser Empfehlung sei damals untergegangen. Er habe nämlich, quasi im gleichen Atemzug, hinzugfügt, „...um sie (die Ruine) danach wieder historisch aufzubauen", – weil das billiger sein würde.

Manch einen schreckte auch die sprichwörtliche Explosivität des Mannes, dem trotz angeblich drahtseilstarker Nervenstränge schnell die „Sicherungen durchbrannten", der als autoritär galt und mit Formulierungen um sich warf, die zuweilen unter die Gürtellinie gingen. Und hatte dieser „hemdsärmelige Kraftprotz", wie er auch hier und da genannt wurde, mit den Ambitionen fürs Rallyefahren nicht gar schon für die ersten Stunden im Parlament Krach prophezeit? Er werde die Opposition das

Fürchten lernen, unkte man in Wiesbaden. Doch sein Intimfeind, Hessens Wirtschaftsminister Heinz-Herbert Karry, – beide übrigens Helmholtz-Schüler, – hatte als Kenner der Frankfurter Polit-Szene zynisch gemeint, im Rathaus werde Arndt nicht so „herumkommandieren" können wie im Landtag.

Mit Vorschußlorbeeren wurde Arndt jedoch auch bedacht. Als positive Faktoren führte man seine Intelligenz, seinen Kampfgeist, seinen Erfahrungen als Parlamentarier, sein ausgezeichnetes Nervenkostüm, seine Schlagfertigkeit, ebenso seine Fähigkeit, in Notfällen auch Wogen glätten zu können, ins Feld. Vor allem aber, trotz langjähriger Abwesenheit von Frankfurt, die Kenntnis der Problematik dieser so schwierigen Stadt. Schon 1952, mit 25 Jahren, war Arndt ja Stadtverordneter in Frankfurt gewesen, früher war es damals altersmäßig garnicht möglich.

Eigentlich sprach für Rudis gesunde Vernunft seine Devise, die er sich fürs Rallyefahren aufgestellt hatte: Er betreibe es so, wie er den Landesetat verwalte. Lieber vorsichtig fahren und ein kleines (Zeit)-Defizit hinnehmen, als mit Vollgas die Orientierung zu verlieren und aus der Wertung zu scheiden. So schlimm konnte der Rudi gewiß nicht sein, so folgerte man.

Mit sicherem Instinkt hatte Arndts Frau, Roselinde, ihren Mann vor der Annahme der Kandidatur gewarnt. Nach der Wahl saß ich ihr gegenüber. Sie erzählte, wie sehr sie nach so vielen Jahren in Wiesbaden verwurzelt seien. Wie sie, als Freunde der Familie des vom Amt zerriebenen Willi Brundert, dessen Schicksal vor Augen habe. Und natürlich auch das von Möller. Nach einem Besuch bei ihnen war er ja auf der Fahrt nach Frankfurt einem Herzschlag erlegen. Er hatte ihr kurz zuvor noch zum Abschied die Hand geschüttelt.

Beim Neujahrsempfang 1972 der Industrie- und Handelskammer wurde der gewählte OB von Ex-Präsident Fritz Dietz mit der Empfehlung bedacht, das von ihm so geschätzte Dynamit keineswegs in Wiesbaden zu lassen, denn Frankfurt brauche Dynamit. Allerdings nicht fürs Opernhaus. Dynamisch dagegen sollte Rudi schon sein, das traute man ihm auch ohne weiteres zu. „Rudi packts", lautete später auch ein Wahl-Slogan seiner Partei.

Inzwischen waren auch bei Arndt, ganz gewitzt und diplomatisch, sanftere Töne im Blick auf seine neue Aufgabe zu hören. Er freue sich darauf, ließ er verlauten, werde sich in Bonn auch umgehend für eine bessere Aufschlüsslung der Finanzen einsetzen. Außerdem, man hörte und staunte, für einen baldigen Wiederaufbau der Opernhausruine. Stets würde er auch für eine auf Frieden gerichtete Politik eintreten, das sagte Arndt, der noch am eigenen Leib hatte erkennen müssen, was Krieg bedeutet. Noch

OB Rudi Arndt bei der Eröffnung des Mainfestes 1973,
von Frankfurtern umringt.

1945 mußte er eine schwere Verwundung hinnehmen.

Sein damaliger, recht treuherzig klingender Ausspruch, er betrachte den Posten eines Oberbürgermeisters in Frankfurt nicht als eine Zwischenstation, vielmehr als eine Lebensaufgabe, kann heute, lapidar gesagt, für die Richtigkeit der volkstümlichen Spruchweisheit gelten „Erstens kommt es anders, zweitens als man denkt". An eine Rückfahrkarte nach Wiesbaden hatte Rudi nicht gedacht. Kurz vor der Amtseinführung mußte Mutter Betty Arndt, jahrzehntelang Stadtverordnete und dann ehrenamtliche Stadträtin im Magistrat, ihren Platz allerdings räumen. Die Hessische Gemeindeordnung erlaubt es nicht, daß Verwandte ersten Grades dort gemeinsam vertreten sind. Um ihrem Sohn keine Steine in den Weg zu legen, tat sie das natürlich ohne Umschweife.

### Die Amtskette

Das schon von Möller nicht sehr hoch eingeschätzte Symbol der Amtskette ließ auch Arndt kalt. Er verzichtete darauf, sie umzulegen, er brach mit der Tradition. Nur dann würde er sie tragen, wenn ihn jemand davon überzeuge, daß dies dem Bürger diene. Das Wort vom „Traditionsklimbim" fiel. Und so wurde die 850 Gramm schwere, aus 18 Gliedern von 14karätigem Gold bestehende Kette zunächst einmal dem Tresor anvertraut.

Franz Adickes, Frankfurts bedeutender Oberbürgermeister vor dem ersten Weltkrieg, hatte sich im Jahre 1903 als Erster im Schmuck der Kette gezeigt. Sie war eine Stiftung Frankfurter Bürger.


Arndt zog in das nun schon traditionelle Dienstzimmer mit der Fensterfront zur Paulskirche, ohne eine Veränderung an dem nach Möllers Vorstellungen umgestalteten Äußeren vorzunehmen. Für seine massive Statur hätte er allerdings lieber breite, bequemere Sessel gehabt als die modernen Gebilde aus schwarzem Leder, meinte er einmal. An der Besetzung der Vorzimmer änderte er ebenfalls nichts. Und wie Möller wollte auch er nur mit Namen angeredet werden, der „Herr Oberbürgermeister" durfte unter den Tisch fallen.

Der allen Lebensfreuden zugetane neue OB, der Essen und Trinken, vor allem deftige Gemüse liebte und schon einmal, wenn es sein sollte, mit Schwergewichtigen um die Wette aß, lud zum Auftakt seiner Amtszeit dann auch gleich zu einem „Empfang für jedermann" ein. Tausende Frankfurter strömten ins Rathaus, ließen sich mit Brezeln und Ebbelwein bewirten, revanchierten sich mit allerlei Sprüchen und symbolträchtigen Präsenten. Kurzum, es wurde gefeiert. Manch einer, von der Straße einfach hereingelaufen, trank auch über den Durst. Aber, was machte das schon? Alles geschah quasi nach der Devise, ein guter Anfang könnte ein gutes Omen sein.

Auch dieser Oberbürgermeister wurde Sachsenhäuser Bürger. Von seinem hübschen Haus am Landwehrweg hatte man einen weiten Blick auf die tiefer liegende Stadt. Zuweilen kam er von dort per Rad zu seinen Dienstgeschäften in den Römer.

In diesem Haus haben Frankfurter Künstler – Theaterleute, Maler Schriftsteller – und ebenso Journalisten den OB und seine Frau als perfekte Gastgeber erlebt. Kaum jemanden wäre es eingefallen, in Rudi etwa einen speziellen „Freund der Musen" zu sehen, dennoch legte er Wert darauf, mit Menschen, die im kulturellen Bereich der Stadt tätig waren, Kontakt zu haben. Mit einer gewissen Regelmäßigkeit luden Arndts sie zu sich ein. Der Mann, zu dessen Stärke es gehörte, kein Blatt vor den Mund zu nehmen, unbequeme Wahrheiten verlauten zu lassen und so manchen vor den Kopf zu stossen, war dann wie ausgewechselt. Angetan mit rustikaler Schürze ließ er es sich nicht nehmen, Braten aufzuschneiden, Mundschenk zu spielen und, alles andere als rauhbeinig oder polternd, für seine Gäste zu sorgen. Sein großer Schäferhund tollte im Garten. Mit von der Partie war meist auch das Ehepaar

146

Bürgermeister Rudi Sölch
wird von Stadtverordnetenvorsteher Willi Reiss
am 7. 7. 1972 in sein Amt eingeführt.

Lingnau, das zu den engsten Freunden zählte. Arndt hatte Hermann Lingnau aus Wiesbaden nach Frankfurt geholt, wo er Stadtkämmerer wurde und es bis kurz nach der Wahlniederlage der SPD blieb.

Vom Zoo wurde sehr bald der Wunsch an den OB herangetragen, als Taufpate eines schwergewichtigen Säuglings, eines fünf Wochen alten Flußpferds, zu fungieren, das den Namen „Dynamit" erhalten sollte. Rudi tat's.

Für Zeitungsartikel oder Fernsehporträts gab der „Premier" damals bundesweit ein lohnendes Objekt ab. Immer erschien er darin als der personifizierte strotzende Optimismus.

Gewiß war sein Humor nicht von beschwingter feinsinniger Art, auch nicht immer gentleman-like, man belegte ihn vielmehr mit der Bezeichnung „Holzhammer-Charme". Jedenfalls gab er sich als der OB, der gern Skat drosch, den Fußballplatz liebte (einst war er ja auch aktiv), der Krimis las und sich nicht scheute einzugestehen, daß er sich bei Opernaufführungen meist langweile.

Richtig wohl fühlte er sich während seiner Amtsperiode bei Volksfesten, wenn er – beispielsweise – der ihn umgebenden Weiblichkeit Papierblumen schießen durfte und den Haut-den-Lukas-betätigte. Oder wenn er zur Karnevalszeit in die Bütt' steigen und sich die Narrenkappe aufsetzen konnte. Daß er damals, wenn es darauf ankam, auch einen erfolgreichen fliegenden Händler abgab, bewies er zum Auftakt des Frankfurter Flohmarktes am Mainufer. Er, in einem von ihm bevorzugten karierten Hemd, und Frau Roselinde standen mitten unter ausrangiertem Hausrat. Besser als mancher professionelle Marktschreier pries das Stadtoberhaupt seine Habseligkeiten an und war in Windeseile ausverkauft.

### Brisante Probleme im Westend

Doch sehr bald bekam Rudi Arndt das schwierige Regieren der „unregierbaren Stadt" zu spüren. Da standen die brisanten Probleme im Westend zur Lösung an, eine Aufgabe, an der sich schon seine Vorgänger schier die Zähne ausgebissen hatten. Eisern kämpfte Arndt mit dem ihm zur Seite stehenden Stadtplaner und Baudezernenten Hanns Adrian, später auch gemeinsam mit dessen Nachfolger, Dr. Hans-Erhard Haverkampf, für eine Beendigung der langjährigen Odyssee, um mit allen zu Gebote stehenden Mitteln die Verslumung des von Bodenspekulanten gebeutelten Gebietes zu verhindern. „Das Westend ist noch nicht verloren", war die gemeinsame Devise. Auf das Ziel, wieder Baudisziplin in Frankfurt einkehren zu lassen, waren alle der Stadt gesetzlich zustehenden Maßnahmen ausgerichtet. Ohne Zweifel gebührt Arndt und seinem Team das

Verdienst, in diese ehemals beste Frankfurter Wohngegend wieder eine gewisse Ruhe gebracht zu haben.

Als das Modell Regionalstadt gestorben war, weil das Landes-Kabinett – auch mit Rücksicht auf die um ihre Posten besorgten Landräte – keinen Finger dafür gerührt hatten, hoffte Arndt doch noch auf eine weitere Gebietsreform.

Eines Tages, im April 1973, bekam Rudi, stets als „Mann der Linken Mitte" eingeordnet, die Rohheit randalierender Demonstranten zu spüren. Sie hetzten ihn gelegentlich einer Hausbesetzung im Westend durch die Straßen, schrien „Schlagt ihn", griffen ihn an. Arndt gelang es mit Mühe, ins Rathaus zu flüchten. Diese Krawalle, meist am Wochenende inszeniert, gehörten zu jener Zeit geradezu ins Bild der Mainmetropole.

Die an ihn gerichtete Frage eines Wochenmagazins, ob er nach einem Jahr angesichts solcher Vorkommnisse nicht etwa schon amtsmüde sei, verneinte er. „Ich lasse mich nicht vergraulen". Die Flinte ins Korn zu werfen, war nicht seine Sache. Dafür aber erhob er seine warnende Stimme vor Linksextremisten.

Aller Wahrscheinlichkeit nach ging es aber auch diesem urigen Frankfurter unter die Haut, daß er sich vielfach mit Genossen hart und ohne Aussicht auf Verständnis auseinanderzusetzen hatte, mit

In der Wandelhalle des Römers:
OB Rudi Arndt feiert seinen 50. Geburtstag.
An der Wand das Bildnis von OB Dr. Johannes v. Miquel.

denen er immerhin einmal zusammengearbeitet hatte. „Das kostet Kraft", ließ er verlauten. Sie dagegen sagten ihm Empfindlichkeit jeder leisen Kritik gegenüber nach, er sei selbstgerecht, lasse sich nichts sagen, nicht beraten.

Zwischendurch fand Arndt immer noch einmal Zeit, Bücher zu rezensieren (Titel von Gerhard Zwerenz und Rudolf Krämer-Badoni) und für Schlagzeilen wegen eines gerichtlichen Streites mit dem Schriftsteller Jürgen Roth zu sorgen.

Die so schwierige Stadt mit ihren radikalen Minderheiten, so der Slogan jener Zeit, war es, die sich Arndt zum Thema seines in Rekordzeit während eines Urlaubs auf Ibiza verfaßten Buches gewählt hatte. Rechtzeitig zur Buchmesse lag es vor, Rudi signierte am Messestand. Der Titel: „Die regierbare Stadt – Warum die Menschen ihre Stadt zurückgewinnen müssen" mit der Schilderung des gestörten Verhältnisses des Menschen zu seiner Umwelt am Beispiel einer Großstadt.

*Römerberg historisch*

Noch bevor das Jahr 1974 zu Ende ging, verblüffte der als nicht sehr kunstbeflissen geltende OB mit einem Plan, der geeignet war, die Diskussion um den Wiederaufbau des Dom-Römerbereiches neu zu entfachen. Warum sollte diese historische, im Krieg zerstörte Mitte des einstigen Heiligen Römischen Reiches Deutscher Nation nicht einfach so wiederentstehen wie sie sich einmal präsentierte, lautete seine Frage an die Frankfurter. Als Beweis für Erfolge solchen Tuns führte er die Städte Warschau und Danzig an. Außerdem: war nicht auch das historisch getreu rekonstruierte Goethehaus von aller Welt positiv angenommen, nachdem es bald nach dem Krieg aus den Trümmern wieder erstand?

Die allgemeine, immer stärker werdende Abneigung gegen die seelenlosen, normierten Betonlandschaften im „Nachkriegs-Manhattan" hatte Arndt zweifellos zu diesem Vorschlag inspiriert. Bei allen älteren Frankfurtern, die die Erinnerung an die frühere Zeit und den Zustand in der Altstadt wei ein Kleinod in ihrer Erinnerung hüteten, rannte Arndt mit seinem Vorschlag naturgemäß offene Türen ein. Auch eine große Zahl von „neuen Bürgern", die nach dem Krieg in die Mainmetropole gekommen waren, befreundete sich mit der Vorstellung eines historischen Römerbergs, gleichfalls aus Aversion gegen die sterilen Betonfronten. Abwehr kam selbstverständlich von Seiten der Architekten. Sie empfanden das eventuelle Kopieren alter Häuserfronten als ein ausgesprochenes Armutszeugnis und forderten einen Wiederaufbau in der Formensprache unserer Zeit. Erneut schlugen die Diskussionswogen, ausgelöst durch „Arndtsche Ideen", hoch. Gesiegt hat im Jahr 1980 das wissen wir inzwischen, nach einem neuerlichen Wettbewerb der preisgekrönte Plan, der Altes mit Neuem verbindet. Im Januar 1981 wurde dann auch der erste Spatenstich durch seinen Nachfolger OB Dr. Walter Wallmann vollzogen und ein Werk begonnen, das schon auf dem Wunschzettel der ersten Nachkriegs-Oberbürgermeister stand.

### Die Alte Oper

Das Jahr 1976 brachte dann auch einen über Jahre dikutierten, von vielen Frankfurtern sehnlichst erwarteten Beschluß des Plenums. Der Wiederaufbau der Opernhausruine, für den alte und junge Bürger nach Aufrufen der „Aktionsgemeinschaft Opernhaus" bereits Spenden in vielfacher Millionenhöhe aufgebracht hatten, wurde mit allen finanziellen Folgen genehmigt. Vorausgegangen war zwar eine heftige Debatte in der damaligen Mehrheitspartei bei einer Klausurtagung in Vielbrunn, bei der Arndt wie auch der Kulturdezernent Hilmar Hoffmann für den Aufbau eingetreten sein sollen. Ein paar Jahre zuvor war von den Stadtverordneten auch das Geld für die Sicherung der Ruine zur Verfügung gestellt worden.

Wie geht die Kommunalwahl 1972 wohl aus?
Stadtkämmerer Ernst Gerhardt, die Autorin,
Kulturdezernent Hilmar Hoffmann
und Wirtschaftsminister Heinz-Herbert Karry
beobachten die Anzeigentafel im Römer.

Während der Arndtschen Amtsperiode wurde übrigens zum ersten Mal nach hundertjährigem Bestehen des Stadtparlaments einer Frau die Aufgabe der ersten Repräsentantin der Bürgerschaft übertragen. Dr. Frolinde Balser wurde „Stadtverordnetenvorsteherin", so die recht umständlich und bürokratisch klingende Amtsbezeichnung. Ihr Eifer konnte es jedoch nicht verhindern, daß ihr infolge der politischen Entwicklung mit der nachfolgenden Abwahl der SPD-Regierung keine längere Periode auf diesem ehrenwerten Sessel beschert war. Sie mußte demzufolge Hans-Ulrich Korenke, CDU, Platz machen.

Immer dunkler wurden die Wolken am politischen Horizont der SPD. Nach dem Fall des Landeschefs Albert Osswald und im Blick auf die sich nähernden Kommunalwahlen in Hessen wog die aufkommende – und natürlicherweise von politischen Gegnern noch geschürte – Diskussion um Spenden im Zusammenhang mit dem vorgesehenen Europa-Center und der Flughafen AG besonders schwer. Der Verdacht illegaler Handlungen kam auf den Tisch. Rudi Arndt habe, so hieß es, Spenden in Millionenhöhe in die Parteikasse fließen lassen, ohne daß diese ordnungsgemäß verbucht worden seien. Dies war gegen das Gesetz und eine „Operation am

Rande der Legalität". Rudi geriet ins Zwielicht. Niemand hätte zwar behaupten können und wollen, der OB habe aus eigennützigen Motiven gehandelt. Der Makel einer ungerechtfertigten Bereicherung der Parteikasse hing der inzwischen schon recht skandalumwitterten SPD nun aber an. Allerdings ergaben die Ermittlungen der Staatsanwaltschaft keine Anhaltspunkte wegen eines Verdachtes der Bestechung.

Gerüchte und Verdachtsmomente konnten nicht bestätigt werden – dennoch war alles dazu angetan, die Mehrheitspartei im Römer auf ein Abstellgleis geraten zu lassen, trotz intensiver Bemühungen ihrerseits, den schwelenden Brand zu löschen. Nur ganz dünnes Gras war über die Affäre gewachsen, als der Oberbürgermeister im Römer am 1. März 1977 das erreichte halbe Jahrhundert so überaus festlich im Kreise vieler Frankfurter beging. Die ihm dargegebrachte Sympathie reichte aber wohl doch nicht aus, um von den Fehlern der Partei abzulenken.

„Warum haben wir uns nur mit dieser Stadt eingelassen?" soll Rudi Arndt nach der Wahlniederlage gegenüber seiner Frau, eingedenk ihrer Warnungen, in Wiesbaden die Zelte abzubrechen, gesagt haben.

„Lebenslang Theater für Rudi Arndt", schrieb eine Zeitung zynisch, als man ihm bei der Verabschiedung einiger ausscheidender ehrenamtlicher

Magistratsmitglieder ein Premieren-Abonnement auf Lebenszeit überreichte.

Der Mann, der jahrelang seine Ellenbogen so gut zu gebrauchen wußte und keine Selbstzweifel kannte, der lange Zeit „persona grata" und Aushängeschild seiner Partei gewesen war, mußte sich nun geschlagen geben.

Der Traum von der Wiederkehr in den Römer war übrigens spätestens nach zwei Jahren ausgeträumt, das mußte der geläuterte Rudi Arndt als weitere bittere Pille noch schlucken. Seine Partei hatte sich dafür ausgesprochen, daß er nicht noch einmal als Oberbürgermeister-Kandidat in Frankfurt antreten solle. Davon, daß er einmal die Scharte der verunglückten Kommunalwahl auswetzen sollte, war nicht mehr die Rede. Die Gegner Arndts hatten ihr Ziel erreicht, sie hatten seine Position unterhöhlt.

Was ihm blieb, war die Fahrkarte nach Straßburg, ins Europa-Parlament. Inzwischen ist nun der „Ehemalige" ein gestandener Europa-Politiker geworden, der wohl die Sehnsucht auf die Chef-Position im Römer für immer begraben haben dürfte. „Mit Frankfurt läuft nichts mehr", äußerte er sich mir gegenüber. So gut wie sicher dürfte allerdings sein, daß ein Stachel im Fleisch über die Vorgänge der zurückliegenden, für sein Leben entscheidenden Jahre doch geblieben ist.

Bürgermeister Martin Berg
und Rolf Menzer, Leiter der Stadtkanzlei (1976).

Daß sein Porträt eines Tages (nach seinem Ableben) auch in der Galerie der Oberbürgermeister im Römer hängen wird, dafür ist bereits gesorgt. Isolde Rebmann, eine Malerin, die unter anderem Willy Brandt und Opernsängerin Anna Moffo porträtiert hat, bannte auch ihn für die Nachwelt auf die Leinwand.

# WALTER WALLMANN

Wie folgenreich es sein kann, den Gegner zu unterschätzen, wurde der abgewählten SPD schon kurz nach dem Amtsantritt von Walter Wallmann am 15. Juni 1977 vor Augen geführt. Zynisch hatte sie ihn vor ihrem unerwarteten Erdrutsch als den „Wunsch-Kandidaten" tituliert, den Kandidaten der Gegenseite also, der ohne viel Federlesens abzuhängen wäre. Selbst noch nach dem Wahldebakel hieß es bei den Verlierern ziemlich leichtfertig, der CDU-Mann, der ihnen den Sieg streitig gemacht hatte, würde sehr bald wieder „weg vom Fenster" sein.

Der Überraschungssieger entpuppte sich jedoch schon bei den ersten Debatten im Plenum als ein Mann von enormen Stehvermögen. Dieser erste Oberbürgermeister der CDU, der nach 30jähriger SPD-Alleinherrschaft den Wechsel im Römer vollzog, war keinesfalls auszutricksen. Voller Flexibilität und Besonnenheit und immer mit Stil benutzte er seine geschliffene Sprache wie ein Florett als erfolgreiche Waffe. Mit seinen Ausführungen lieferte er geradezu ein Kontrastprogramm zu den Tiraden der ihrer Vormachtstellung beraubten Kontrahenten. Heftigst kreuzten sie mit dem neuen Herrn im Römer die Klingen. Doch dieser bewahrte Haltung, blieb – bei gleichbleibender Stimmlage –, höflich

161

und verbindlich, ohne auch nur ein Quentchen von seinem Standpunkt abzugehen. Sich zu unbedachten Reaktionen hinreißen zu lassen, war nie Wallmanns Sache, wichtig dadegen das sachliche Zupacken.

Ich muß gestehen, daß auch ich Dr. Wallmann längst nicht diese Kraft der pointierten Aussage und die messerscharfe Argumentation zugetraut habe, als ich ihm zum ersten Mal begegnete. Es war beim Neujahrsempfang der CDU für die Presse 1977, bei dem der damalige Spitzenkandidat für das Oberbürgermeister-Amt den Gästen bekannt gemacht wurde. MdB Wallmann übte dabei betonte Zurückhaltung. Auf den ersten Blick erinnerte mich sein Äußeres etwas an den verstorbenen Oberbürgermeister Brundert, – in der Figur, im Gesichtsschnitt, in den Augen und dem freundlichen Lächeln, das ihm später den für Unbefangene durchaus gefälligen, von seinen politischen Gegnern aber recht spöttisch gemeinten Spitznamen „Strahlemann" einbrachte. Sein Lächeln wurde dann auch, nicht weniger boshaft, als sein „Markenzeichen" deklariert.

Bei einer Wahlveranstaltung im Zoo-Gesellschaftshaus, bei der Wallmann zu älteren Bürgern sprach, begegnete ich ihm kurz darauf wieder. Scherzhaft sagte ich, während wir für einige Minuten nebeneinander saßen, er habe „beste Chancen" gewählt zu werden, denn sein Vorname sei der vieler Römer-Chefs vor ihm, überdies heiße ja auch sein einziger Sohn noch Walter, wie der von Oberbürgermeister Walter Kolb. Der „Kandidat" ging auf die Ulkerei ein und lachte. Offensichtlich schien er in diesem Moment sogar Freude an der Vorstellung zu haben, als Sieger aus dem Wahlkampf hervorzugehen. Allerdings sprach man in Insiderkreisen zu jener Zeit offen davon, Wallmanns Ambitionen lägen in Bonn, er wolle seine Karriere weitaus lieber auf Bundesebene fortsetzen. Schließlich war es ja kein Geheimnis, daß auch er, ähnlich wie vor Jahren Rudi Arndt, von der CDU-Fraktion freigegeben und als Wahl-Lokomotive für Frankfurt ausersehen worden war. „Ein Schwergewicht wie Arndt kann nicht von Zwergen in den Sand geworfen werden, es muß schon ein Matador sein", so hatte sich dazu ein bekannter Leitartikler ausgelassen.

Bis zum Zeitpunkt seiner Kandidatur und Wahl in Frankfurt hatte seine politische Karriere eindeutig bundesweite Akzente aufgewiesen. Wallmann, Mitglied des Bundestage und zum Parlamentarischen Fraktionsgeschäftsführer der CDU aufgestiegen, war damals schon ein versierter und erfolgreicher Politiker, den es kaum auf das mit so vielen Negativ-Klischees behaftete, schwierige Frankfurter Pflaster gezogen haben dürfte. Seine speziellen Interessen lagen in der Außen- und Sicherheitspolitik.

Als Vorsitzender des Parlamentarischen Untersuchungsausschusses des Deutschen Bundestages, der die Vorgänge um den Referenten im Kanzler-Amt, den Spion der DDR, Günther Guillaume, klären sollte, hatte er sich einen Namen gemacht (Vielen SPD-Leuten ist Guillaume aus seiner Frankfurter Tätigkeit für die Partei noch bekannt). „Wer einen parlamentarischen Untersuchungsausschuß leitet, hat nur dann eine Chance, wenn er die Akten besser kennt als die anderen, wenn er die Rechtsvorschriften bis ins Detail beherrscht." So begründete Wallmann seinen Erfolg.

Im übrigen war Wallmann durch sein Mandat als Stadtverordnetenvorsteher in Marburg auch in der Kommunalpolitik kein Neuling mehr, wie es die Opposition behauptet hatte.

Bevor sich der 1932 in Uelzen geborene Niedersachse mit späterer Wahlheimat Marburg der Politik zuwandte, hatte er Rechts- und Staatswissenschaften studiert und beinah noch seinen Doktor – in Philosophie – gemacht. Später wirkte er als Jugend- und Strafrichter. „Das Richteramt hat mich ganz gefordert und ganz ausgefüllt", betonte Wallmann mehrfach. Oft hätten ihm bevorstehende Urteilsverkündungen – wegen der hohen Verantwortung – schlaflose Nächte gekostet. Schon von Jugend an war Wallmann politisch interessiert, wobei sein Elternhaus seinen politischen Standort bestimmt hat.

Wie Frankfurts SPD-Leute angesichts all dieser Fakten den Spitzenkandidaten der CDU, Wallmann, im Wahlkampf 1977 als „Provinznummer" bezeichnen konnten, bleibt unerfindlich und ist eigentlich nur als dümmliche Entgleisung während eines erbitterten Wahlkampfes zu verstehen. Treffender wäre es gewesen, ihn als „einige Nummern zu groß für Frankfurt" hinzustellen.

Als der überraschende Wahlsieg vom 20. März 1977 Dr. Wallmann zum künftigen Stadtoberhaupt prädestinierte, las man wiederum in den Zeitungen, es habe eigentlich zwei Verlierer gegeben, ihn und Rudi Arndt. Der unerwartete Triumphator hätte, wäre es nach seinen eigenen Interessen und Wünschen und denen seiner Familie gegangen, keinen Wechsel nach Frankfurt angestrebt. In den Augen seiner alten Marburger Freunde war er damals auch ein „ganz armer Mensch", weil er in die „schreckliche Steinwüste Frankfurt" verbannt worden sei. Später gestand der Betroffene es dann auch frank und frei, ihm sei der Abschied von Marburg und Bonn und seiner dortigen Tätigkeit ausgesprochen schwer gefallen.

Zunächst jedoch strahlte er, als er nach Bekanntgabe des offiziellen Wahlergebnisses (nach einem strapaziösen Wahlkampf) an diesem für ihn so denkwürdigen Tag im Rathaus viele Hände schütteln und Glückwünsche entgegennehmen mußte. Beinahe wäre er abends garnicht einmal in den Römer hineingelassen worden. Ein Wachmann am Portal hatte gemeint: „Ich kenne Sie nicht!" Wie sollte er auch, MdB Wallmann hatte sich zu jener Zeit nicht allzu oft auf diesem Terrain blicken lassen.

## Kein „Wenn" und „Aber"

Nun jedoch war die Entscheidung gefallen. Konsequent, ohne „Wenn' und „Aber" stellte sich der Neue seiner Aufgabe. Er wolle kein CDU-Oberbürgermeister sein, vielmehr der „Oberbürgermeister aller Frankfurter" unterstrich er unmittelbar nach der Wahl. Diese Aussage hat Wallmann inzwischen, gewissermaßen als seinen wichtigsten Programmpunkt, immer wiederholt. Gelegentlich hat er auch davon gesprochen, Walter Kolb, der volkstümliche Oberbürgermeister, werde ihm Vorbild sein.

Schon nach vier Jahren haben seine Haltung und Strategie zum Erfolg geführt. Noch mehr Frankfurter als 1977 haben ihm bei der Kommunalwahl 1981 ihre Stimme gegeben. „Weil er nicht seine Partei in den Vordergrundt stellt, sondern die Bürger, alle Bürger der Stadt", „endlich einmal ein Oberbürgermeister, der nicht vor Partei-Politik trieft", „...endlich ein OB, der nicht stets mit seiner eigenen Partei im Clinch liegt wie viele Vorgänger" und „...endlich

Stadtverordnetenvorsteher Hans-Ulrich Korenke
legt OB Dr. Wallmann die Amtskette um (1977).

jemand, der in die von steten Unruhen gezeichnete Stadt etwas Ruhe bringt". So urteilten Frankfurter, wenn man sie auf Wallmann ansprach. –

Doch zurück zum Start auf Frankfurter Boden: Nach dem vorzeitigen Rücktritt von Rudi Arndt (den Wallmann als „natürliche Konsequenz" bezeichnet hatte) trat der 44jährige, zuvor in einer Sondersitzung mit 50 von 93 Stimmen gewählt, bereits am 15. Juni 1977 sein Amt an. „Ja, ich nehme die Wahl an", sagte er und schwor den Eid auf das Grundgesetz und die hessische Verfassung. Das dreimonatige Interregnum, die Zeit eines nicht besetzten OB-Sessels, war damit vorbei. CDU-Prominenz von Bund und Land, Helmut Kohl und Alfred Dregger an der Spitze, wohnten dem Zeremoniell im Stadtverordnetensitzungssaal bei, auch Hessens Wirtschaftsminister Heinz-Herbert Karry hatte sich eingefunden. Ex-OB Rudi Arndt schüttelte seinem Nachfolger als einer der ersten die Hand.

Kaum jemand hatte es gewundert, daß dieser Oberbürgermeister sich die bei seinen Vorgängern Möller und Arndt in Mißkredit geratene goldene Amtskette wieder umlegen ließ, als symbolhaftes Zeichen der Würde des Amtes.

Seine Wahl bedeute Kontinuität und Zäsur zugleich, hatte er in seiner Antrittsrede beteuert. Und: Der Römer solle allen Bürgern offenstehen. Ein „Oberbürgermeister zum Anfassen", so der Jargon unserer Tage, wollte er sein. Insgesamt war seine Rede ein Plädoyer für eine Politik der Vernunft. Eine Vorahnung überkam ihn, als er meinte, ihm schwane, welche Last er zu tragen haben werde.

Vor dem Römer waren, wie in Frankfurt zu erwarten, einige Protestler mit umgehängten Pappschildern aufmaschiert. „Frankfurt wird nun ein CDU-Provinznest" stand darauf. „Dich werden wir fertig machen", hallte Wallmann von einigen Chaoten als „liebenswürdige Androhung" entgegen. Als Kuriosum sei angefügt, daß sich auf die öffentliche Ausschreibung der Stelle im Hessischen Staatsanzeiger ein weiterer Bewerber auf das Oberbürgermeister-Amt, ein absoluter Anonymus, vielleicht ein Spaßvogel, gemeldet hatte.

### Dienstzimmer mit Holztäfelung

Bevor der OB seine Arbeit im Römer aufnahm, war auch der alte Zustand im Dienstzimmer wieder hergestellt, vor allem die gemaserte Holztäfelung wieder von den weißen Plastikplatten befreit. Für die Opposition sogleich ein Grund, die neuerlich entstandenen Kosten für die Umgestaltung anzuprangern. Dabei hatte Wallmann mit dem ganzen nichts zu tun, er wisse nichts darüber, erklärte er Fragern. Klipp und klar und unmißverständlich verteidigte

Stadtkämmerer Ernst Gerhardt die Renovierung: Es sei nicht jedermanns Sache, in einem Büro zu arbeiten, das wie die Kommandostelle eines Kraftwerkes aussehe. Einige wenige im Rathaus meinten zwar, nun sei das Zimmer wieder der „alte düstere Kasten". Doch zweifellos war der Raum jetzt dem gesamten Rathaus-Stil besser angepaßt als der steril wirkende Fremdkörper zuvor.

Es war mehr als natürlich, daß bei diesem Wechsel der Fronten dem neuen Römer-Chef in den Vorzimmern auch eine völlig neue Mannschaft zur Seite stand. „Fällt der Reiter, fällt auch der Mantel", lautet eine alte Spruchweisheit.

Der neue Ton, der mit dem auf Contenance haltenden OB eingezogen war, wurde mir sehr schnell aus einer geringfügigen Kleinigkeit offenbar: Bei der offiziellen Vorstellung seiner persönlichen Referenten im Rahmen einer Pressekonferenz wußte der OB auf Fragen von Journalisten deren Vornamen nicht, er blieb zunächst einmal die Antwort schuldig. In Erinnerung an Ex-OB Arndt habe ich damals lächeln müssen, – bei ihm hätte genau das Gegenteil eintreten können, er rief alle Leute in seiner Umgebung lieber mit Vornamen.

Bald darauf zeigte sich auch, daß die Referenten des OB mit weit umfassenderen Aufgaben und Funktionen betraut waren als die der Vorgänger. War man es gewöhnt, mit dem Stadtoberhaupt,

wenn aus Zeitgründen nötig, eine dringende Sach-
frage auch telefonisch klären zu können, stieß man
nun auf eine Mauer perfekter Vorzimmer-Löwen,
– sie schirmten ihren Chef weitgehend ab. Sicher
eine dem Oberbürgermeister zugute kommende
Methode, weniger gut für eilige Journalisten. Jedenfalls wurde nun die Kunst des Delegierens geübt.

### In Frankfurt zu Hause

Ein Haus auf dem Lerchesberg wurde das neue
Heim der Familie Wallmann. Der Entschluß, das
nach eigenen Vorstellungen und Entwürfen ent-
standene Haus in Marburg aufzugeben, war Dr. Wallmann sehr schwer gefallen. „Eigentlich habe ich es
behalten wollen", erzählte er. Doch Frau Margarete,
die wie er an der gewohnten und lieb gewordenen
Umgebung hing, habe ihn umgestimmt. „Dieser
schöne Abschnitt unseres Lebens liegt hinter uns.
Wenn wir das Haus in Marburg behalten, sind wir
nicht richtig in Frankfurt. Wir müssen jetzt aber
ganz in Frankfurt sein", habe sie gesagt. Bis das pas-
sende Objekt dann gefunden war, hatte es eine gewisse Zeit gedauert, der OB mußte so lange mit einem Provisorium vorlieb nehmen.

Im übrigen war dieser Erwerb, so Wallmann, für ihn mit erheblichen Mehrausgaben verbunden. Denn der Erlös aus dem Verkauf des Marburger Hauses wog die Summe nicht auf, die für ein Äquivalent auf Frankfurter Boden des Prominentenviertels auf dem Lerchesberg verlangt wurde. Was die meisten nicht wußten, Wallmann hatte auch eine nicht unwesentliche Minderung seiner Bezüge hinnehmen müssen, als er seine Tätigkeit von der Bundeshauptstadt Bonn in die Mainmetropole verlegte.

Nach ihren Beteuerungen fühlt sich die Familie inzwischen mit Frankfurt heimatlich verbunden. Vor der Kommunalwahl am 22. März 1981 hatte der OB sogar anklingen lassen, er werde bei einem für ihn negativen Wahlausgang in Frankfurt wohnen bleiben.

### Der „Kommunalpolitiker" am Werk

Mit Elan und Tatkraft und gebotenem Schwung, aber auch mit innerer Gelassenheit machte sich Walter Wallmann nun im Römer daran, der als unregierbar apostrophierten Mainmetropole ein positiveres Image zu geben. Nach dem Urteil einer großen Anzahl von Bürgern ist ihm das schon gelungen.

„Ich werde mich der Aufgabe gewachsen zeigen", hatte er 1977 auf provozierende Fragen geantwortet, ob er es sich denn überhaupt zutraue, eine ihm völlig unbekannte Stadt zu verwalten. Unbekannt war ihm Frankfurt nun keineswegs. Abgesehen davon, daß er als kleiner Junge mit seinen Eltern auf der Durchreise einen kurzen Aufenthalt in Frankfurt gehabt hat, legte er immerhin in späteren Jahren sein Staatsexamen hier ab, war dann auch am Gericht tätig. Außerdem hatte auch der Wahlkampf 1977 ihm Zeit beschert, sich über Vieles vor Ort informieren zu lassen. Freimütig bekannte er zudem, er werde sich nach Kräften bemühen, Frankfurter Verhältnisse und Problem gründlichst kennen zu lernen, was von der Gegenseite mit spitzen Bemerkungen quittiert wurde.

## *Erste Hürden*

Dem einzigen politischen Gegner, dem der verstorbene hessische Landesvater, Ministerpräsident Dr. Georg August Zinn, „Rang und Ritterlichkeit" bescheinigt hatte, wurden nun von der Frankfurter Opposition weniger liebenswürdige Eigenschaften unterstellt: Wallmann werde alle SPD-Politiker mit eisernem Besen aus dem Rathaus jagen, jetzt würden Köpfe rollen, sogar von einer Neuauflage der Bartholomäusnacht war die Rede. Ausdrücklich aber hatte der Oberbürgermeister kundgetan: Filz und Finesse sollten auf jeden Fall der Vergangenheit angehören, es werde keine schwarze Personenpolitik anstelle der verflossenen roten geben, entscheidend für die Position sei allemal die Qualifikation.

Unruhe war im Hinblick auf die von der CDU und ihrem OB für unbedingt notwendig erklärte bevorstehende Magistratserweiterung aufgekommen. Waren doch zum Zeitpunkt von Wallmanns Amtsantritt im Magistrat SPD-Mitglieder in der Überzahl. Gleich nach der Wahlniederlage, während des Interregnums also, hatte der SPD-regierte Magistrat schnellstens noch personelle Entscheidungen für ein weiteres Verbleiben einiger ihrer hauptamtlichen Stadträte getroffen, deren Wahlzeit in Kürze ausgelaufen wäre. Das bedeutete praktisch, Absichten und Zielvorstellungen der neuen Mehrheitspartei hätten den Magistrat nur dann passieren, von ihm „abgesegnet" werden können, wenn auch die darin dominierenden SPD-Mitglieder ihre Zustimmung geben würden. „Eine unmögliche Situation", argumentierte der OB, denn auf diese Weise wären die Erwartungen der Wähler auf eine CDU orientierte Politik überhaupt nicht zu erfüllen. Also mußte die Hauptsatzung in ihrer Festlegung auf die Zahl der Magistratkollegen abgeändert werden, um dann den Magistrat zu erweitern. Ein Unternehmen, das zunächst erst einmal Streit unter Juristen und Gutachtern auslöste. Noch im Laufe des Jahres war die Hürde genommen. 1980 und Anfang 1981 hat dann der Magistrat mit der jetzigen Mehrheit der CDU hauptamtliche Stadträte der SPD für weitere Amtsperioden bestätigt.

Die Schuld für die Kosten der Erweiterung hätten, so Wallmann, allein bei der SPD gelegen, sie sei es ja gewesen, die nach Aufkündigung der Koalition 1972 alle freigewordenen Posten im Magistrat von Leuten der SPD hatte einnehmen lassen. Verblieben als hauptamtlicher CDU-Stadtrat war damals lediglich Ernst Gerhardt, dessen Arbeitsgebiet jedoch bis auf einen Restbestand zerstückelt wurde.

Ungnädig von der Opposition aufgenommen wurde ferner die Umverteilung der Dezernate, zu der dem OB das Recht zusteht. Die Folge, die bisherigen Stadträte für Personal-, für Schulfragen, für Stadtplanung und Sozialbelange mußten einen Wechsel ihrer Arbeitsgebiete in Kauf nehmen.

Der Stuhl des Kulturdezernenten Hilmar Hoffmann, SPD, wurde nicht angetastet. In Frankfurt werde es weder das Postulat einer sozialdemokratischen noch einer christ- oder freidemokratischen Kunst geben, hatte Walter Wallmann verlauten lassen. Hoffmann, dem SPD-Stadtrat, wurde im Vertrauen auf eine harmonische Zusammenarbeit, freie Hand belassen. Der OB war also seinem Wort treu geblieben, im Römer nicht nach dem Freund-Feind-Schema zu verfahren. Nicht zuletzt trug ihm auch dies bei seinen Gegnern die Beurteilung ein, ein ausgezeichneter Taktiker zu sein, der seinen Kritikern geschickt den Wind aus den Segeln zu nehmen verstehe.

Zahlreiche Mitarbeiter im Römer haben inzwischen das Bild, das sie zunächst von ihrem Chef hatten, gründlich revidiert, die damals von Skepsis diktierten Eindrücke haben heute keine Gültigkeit mehr. Ihre Meinung: "Wallmann ist ein Könner, auf vielen Gebieten".

## *Lebensqualität für die Problemstadt*

„Natürlich", hatte der OB spontan auf die Frage von Werner Höfer, Schöpfer des „Internationalen Frühschoppens", bei einem Interview geantwortet, ob er tatsächlich beabsichtige, das negative Image der Stadt zu verbessern, – „der Stadt, die unbewohnbar sei wie der Mond und unregierbar wie New York". Und er hatte hinzugefügt: zur Verwirklichung der Absicht genüge es allerdings nicht, sich damit zu beschäftigen. Dem müßten Taten folgen.

Die Schwere der Aufgabe, die Stadt wieder mit Lebensqualität zu erfüllen, hat Wallmann mehrfach mit Fakten belegt, indem er auf die enorme Kriminalrate, ihre Drogenszene, ihre immens hohe Zahl an Ausländern und Asylanten verwies.

OB Dr. Wallmann bei einem Informationsgespräch
in der U-Bahn-Station Merianplatz (1977).
Links: Herbert Spieß, Leiter des Stadtbahnbauamtes.
Rechts: Der verunglückte Baudezernent Hans-Joachim Krull.

Trotzalledem erging sich der OB des öfteren in Beteuerungen, für ihn sei der Wechsel von Bonn nach Frankfurt gut gewesen, ihn reize die schwierige Aufgabe, sein Leben sei reicher geworden, nicht zuletzt durch die Möglichkeit der Begegnung mit Bürgern.

Ein Geheimnis seines Erfolges und seiner Popularität in verhältnismäßig kurzem Zeitraum ist zweifellos auch darauf zurückzuführen, daß Wallmann in einer Zeit allgmeiner Redseligkeit die Kunst des Zuhörens beherrscht, sich voller Konzentration auf den Gesprächspartner einstellt, sich ihm aufgeschlossen zuwendet und so in ihm das Gefühl weckt, ernst genommen zu werden. „Ich bemühe mich, für den da zu sein, der Rat sucht und auf mich zukommt", das ist sein Standpunkt.

Ein Novum gegenüber seiner Bonner Tätigkeit sind beispielsweise Aufgaben, die ihm jetzt bei der Repräsentation der Mainmetropole zufallen: Als ihr Oberhaupt muß er mit zahlreichen international bedeutenden Gästen aus allen Bereichen des öffentlichen Lebens, sozusagen „den Großen dieser Welt", zusammentreffen, während er andererseits auch den Bürgermeister geradezu örtlicher Prägung abgibt, bei Festivitäten kleiner Vereine an der Peripherie der Stadt etwa. Dieser Kontrast ist zuweilen recht reizvoll für ihn.

„Ich bin nicht der Typ des Großstädters", hatte Wallmann bisweilen geäußert. Oft schon mußter er Anspielungen auf seine Vorliebe für konservative dunkle Anzüge, unauffällige Krawatten, seine korrekte Kleidung im Dienst, kurzum seinen äußeren Habitus wie auch seine – manchem zu betont höfliche Haltung hinnehmen. Als „Tick" sogar wurde ihm das ausgelegt. Mag sein, daß mancher Kritikaster eine saloppe hemdsärmelige Art vorgezogen hätte, die allerdings bei Vorgängern auch nicht hoch im Kurse stand. Wallmann ist nun eben keine Art von Volksfest-Fan, auf ihn würde auch kaum jemand schulterklopfend zugehen.

Für dieses sein Verhalten hat Wallmann seine Prinzipien, der Mann, der sich im Urlaub leger gibt und, angetan mit Bundhose, auf seinem zehngängigen Fahrrad im Stadtwald kurze Erholungspausen einlegt. Stil und Haltung sind für ihn einfach eine Funktion, nicht Ausdruck etwa von Überheblichkeit. Aus Achtung vor dem Amt, aus Achtung vor demjenigen, dem er gegenübertritt, hält er auf Form. Seine Ansicht: Form und Stil haben größere Bedeutung als wir uns klarmachen.

### Absichten werden Realität

Daß es Wallmann nicht beim Reden bewenden lassen würde, hat er bald bewiesen. Nach der ersten

Einarbeitungsfrist entwickelte er, gestützt auf Grundsätze seiner Weltanschauung, konkretes politisches Handeln. Nicht nur, daß die leidigen Rathausquerelen mit hartem verbalem Schlagabtausch schnell der Vergangenheit angehörten und in seiner Fraktion ein der Arbeit einträglicher Friede herrschte. Vielmehr wurden dank seiner Initiative und Entscheidungsfreudigkeit auf den Nägeln brennende Probleme angepackt. Zunächst einmal setzte er im Wahlkampf angedeutete Maßnahmen durch.

Das gescheiterte, recht kostspielige Kita-Projekt wurde zum Wohl der jungen Bürger abgeblasen. Vorwürfe hagelte es dann von der Opposition, als das ebenso kostspielige, krisengeschüttelte und konzeptlose „TAT", das Theater am Turm, seine Pforten schließen mußte. Mehr als kurios mußte es im Stadium der angekündigten Auflösung anmuten, daß plötzlich eine bestimmte Tagespresse sich vehement für die Erhaltung ereiferte, während sie zuvor ziemlich regelmäßig die Theater-Premieren gnadenlos verrissen hatte. Die Mitglieder des Ensemble erhielten im übrigen großzügige finanzielle Abfindungen. Und des OB-s gebündelte Spitznamen wurden nach diesen Aktionen um zwei neue bereichert, „Kita-Killer" hieß es und „TAT-Töter". Alles in allem: Konzequenz, durch die politische Brille gesehen.

180

In jener Zeit kam bei Widersachern des Rathaus-Tuns für die im Wiederaufbau befindliche „Alte Oper" das neue Wort „Prestige-Objekt" auf, das sich auch in den Wahlkampf einschlich. Hätte die SPD während ihres „Regimes" die Gelder für das von vielen Frankfurter gewünschte Unternehmen früher locker gemacht, wäre es halb so teuer geworden. Nun schob man die hohen Kosten für das alte-neue Frankfurter Wahrzeichen, das für „alle" da sein soll, den neuen Herren im Römer in die Schuhe.

Aus der Verantwortung für die überwiegende Zahl friedliebender Frankfurter trat der OB sodann für die Verschärfung des Demonstrationsverbotes ein, verfügte den Asylantenstopp, der bundesweites Aufsehen erregte, um politischem und sozialem Sprengstoff vorzubeugen. Gleichermaßen ließ er erkennen, daß ein genereller Zuzugsstopp für Ausländer erwogen werde. Wer ihm oder der Bevölkerung Ausländerfeindlichkeit vorwerfe, verwechsle Ursache und Wirkung und nehme die Wirklichkeit nicht zur Kenntnis, kommentierte der OB seine Ankündigung. Ein Vorhaben, das so kontrovers diskutiert wurde, wie kaum ein anderes.

Fragt man den Oberbürgermeister, was ihn im Laufe seiner bisherigen Amtszeit besonders beeindruckt habe, überlegt er nicht lange. Zwei Ereignisse hätten ihn stark berührt. Das sei einmal der Tag gewesen, als er die 250 vietnamesischen Flüchtlinge, deren Aufnahme in Frankfurt auf seine Initiative erfolgte, vom Flughafen abholte. Ein Vorgehen, das zunächst manche Skepsis auslöste, dann aber im Bundesgebiet viele Nachahmer fand. Gleichermaßen seien ihm, so Wallmann die Begrüßung der aus Israel gekommenen Frankfurter Juden und die Tage mit ihnen zusammen in der Heimatstadt ans Herz gegangen.

Der Mann, der kraft seiner Persönlichkeit die Erfolgsbilanz der CDU in der ehemaligen Hochburg der SPD 1981 weiter erhöhte, ist vom Naturell her ein ausgesprochen freundlicher Mensch, von heiterem Gemüt. Er hat Humor, kann in Gesellschaft ein blitzendes Feuerwerk launiger und witziger Wortpassagen von sich geben. Bei einer Besichtigung Alt-Sachsenhausens durch eine Gruppe von Stadtverordneten bald nach Amtsantritt des OB war ich Zeuge, wie er sogleich Kontakt zu den eingeschworenen Gästen im überfüllten Ebbelwein-Lokal bekam und die Scherze nur so hin und her flogen. Journalisten, die mit Wallmann in den Vereinigten Staaten waren, erlebten ihn quasi als Stimmungsmacher am Klavier, sogar singend. In Frankfurt habe er auch schon einmal den singenden Vico Toriani begleitet, erzählte er mir. Er spiele „leidlich" Klavier, setze sich auch heute noch gern an das Instrument. In jungen Jahren gehörte Wallmann einem Laienorchester an, in dem er Klavier und Geige spielte.

Oberbürgermeister Dr. Walter Wallmann
im Gespräch mit der Autorin.

Wie es der OB angesichts des Arbeitspensums fertig bringt, mit wichtigen Neuerscheinungen auf dem Büchermarkt auf dem Laufenden zu bleiben, ist seiner Umgebung ein Rätsel. Oft schon hat er engen Mitarbeitern und Magistratskollegen ein aktuelles literarisches Werk empfohlen, das er für sehr interessant hielt. „Dem Buchkonsum nach muß er bis tief in die Nacht hinein lesen", mutmaßte Stadtkämmerer Gerhardt, der zudem noch Wallmanns außerordentlich gutes Gedächtnis pries. Auch Hilmar Hoffmann staunte mehrfach, wenn Wallmann brandneue Buchartikel diskutierte.

Für den OB wie seine Familie bedeutet es ein Glück, daß der Chef des Römer die Gabe hat, abschalten zu können. Wenn er es sich zeitlich leisten kann, gönnt er sich auch einen langen, tiefen Schlaf, hält sich ferner mit Schwimmen fit bis in den Oktober hinein. Fußball habe er auch einmal mit Begeisterung gespielt, verriet er den siegreichen Pokalmeistern der „Eintracht".

Quell seiner Ausgeglichenheit und guten Nerven ist die Familie. Gespräche mit seiner Frau Margarete und seinem Sohn Walter an Abenden, die keine dienstlichen Verpflichtungen vorsehen, bringen ihm Entspannung. Dabei werden durchaus auch schwierige Fragen aus dem aktuellen Geschehen diskutiert und erörtert. Denn der OB spricht auch mit seiner Frau über Politik. Vor einer Zeit wurde

Wallmann einmal gefragt, wie es denn zu Hause mit der „Richtlinienkompetenz" stehe. Worauf er prompt antwortete: „Bei uns gibt es keinen billigen Herr-im-Hause-Standpunkt"

Den „Herr-im-Hause-Standpunkt" kehrt Dr. Wallmann keineswegs in der Umgebung seiner Mitarbeiter heraus. Er ist tolerant, besitzt die wohltuende Eigenschaft, nicht immer das letzte Wort haben zu wollen, wenn sich Entscheidungen harmonisch aus der Gemeinschaft entwickeln. Daß er allerdings entscheidungsfreudig ist, wenn es darum geht, ein umstrittenes Projekt einer Lösung zuzuführen, steht auf einem ganz anderen Blatt und ist durchaus kein Gegensatz zu seiner generellen toleranten Haltung.

Der Ruf seines geschickten Taktierens und tatkräftigen Wirkens für die so problemträchtige, mit sozialem Sprengstoff angereicherte Stadt ist mittlerweile auch nach außen gedrungen. Bei Aufenthalten in anderen Städten der Bundesrepublik, vornehmlich dort, wo die Wogen um die erste Position in der Stadtregierung hohe Wellen schlugen (Berlin, Hamburg), wurde ich des öfteren auf den Frankfurter OB, Dr. Wallmann, angesprochen. Sein guter Einfluß auf die Stadt und ihre Lebensqualität hatte sich herumgesprochen, ohne daß man seine Zugehörigkeit zur CDU erwähnte. Ein „Bürgermeister aller Frankfurter" wollte er sein, so hatte er im Juni 1977 bei seiner

Amtsübernahme kundgetan. Eine andere Zielvor-
stellung: die Stadt regierbar zu machen. Wie weit
ihm das gelingt, wird die Geschichte zeigen.

# NACHWORT

Dieses Buch sollte eigentlich ein Vorwort haben, ein Vorwort, das Wirtschaftsminister Heinz Herbert Karry schreiben wollte. Nun aber, nach seiner brutalen Ermordung, soll es ein Nachwort erhalten, im Gedenken an ihn. Im Gedenken an den prächtigen Menschen Karry, der seine Vaterstadt Frankfurt so überaus liebte und stets ihr Bestes im Auge hatte. Deshalb war er auch Dr. Walter Wallmann, dem Mann an der Spitze, zugetan, weil er in dessen Arbeit eine positive Entwicklung für Frankfurt sah.

Knapp zehn Tage vor seinem schrecklichen Ende Anfang Mai 1981 hatte er mir trotz seiner Arbeitsüberlastung zugesagt, dieses Vorwort zu schreiben. „Das machen wir doch, Margot", hatte er, munter und humorvoll wie stets, bei diesem letzten Telefongespräch morgens kurz nach sieben Uhr gesagt. Wenig später pflegte er schon an seinem Schreibtisch in Wiesbaden zu sitzen.

Seit 30 Jahren bin ich ihm immer wieder durch die journalistische Arbeit begegnet, viele Male durfte ich auch in seinem gemütlichen Haus in Seckbach im Kreis seiner Familie sein. Meist gab er sich aufgeräumt und witzig, doch wer in seiner Umgebung kannte nicht auch den ernsten Karry, wenn es um wichtige Dinge ging.

Emotionen verdeckte er meist hinter Sachlichkeit, versteckte sie hinter einer „kühlen Klimazone". Aber er war durchaus auch zu unerwarteten Gesten der Herzlichkeit fähig. Deutlich trat das bei seinem 60. Geburtstag zutage, den er – am 6. März 1980 – im Römer feierte. Nahezu alles, was die politische Landschaft der Bundesrepublik an Persönlichkeiten aufzuweisen hat, war ihm zu Ehren erschienen. Für alle fand der Jubilar Dankesworte, ernste und heitere, die herzlichsten zollte er seinem alten Lehrer, seiner Frau, seinem Enkel.

Es war beim Neujahrsempfang der Stadt 1981, als ich mit ihm in kurzem Gespräch die politische Entwicklung im Römer streifte. Unmißverständlich ließ er mich seine Meinung über den amtierenden Oberbürgermeister, Dr. Walter Wallmann, wissen. Sicher könne dieser nicht, so Karry, alle großen, in der Zeit liegenden Konflikte aus der Welt schaffen. Doch, und das sei wichtig, sein Wirken als Stadtpräsident treffe entschieden das Harmoniebedürfnis einer großen Mehrheit.

Wer immer die schwere Amtskette, Zeichen der Oberbürgermeister-Würde und -Bürde, tragen mag, sei er noch so tüchtig und weitschauend, das dazugehörige „fortune" der Glücksgöttin Fortuna darf nicht fehlen, zu seinem Wohl und dem der Stadt und ihrer Menschen.

# Namensverzeichnis

190